做执着的追梦人

于立志◎编著

浙江人民出版社

目录
CONTENTS

下篇 ★ 奔跑追梦呈风华

上篇

梦想最美心相随

MENGXIANG ZUIMEI XINXIANGSUI

中国梦归根到底是人民的梦

实现中华民族伟大复兴，是中华民族近代以来最伟大的梦想。中国梦就是每一个中华儿女实现美好生活的梦想。2012 年 11 月 29 日，习近平同志在参观《复兴之路》展览时说："每个人都有理想和追求，都有自己的梦想。我以为，实现中华民族伟大复兴，就是中华民族近代以来最伟大的梦想。这个梦想，凝聚了几代中国人的夙愿，体现了中华民族和中国人民的整体利益，是每一个中华儿女的共同期盼。"

习近平同志当选为总书记之后，率先提出了实现中华民族伟大复兴的"中国梦"，向全党、全国以及每一个中国人郑重地提出美好愿景，清晰明确地指明前进方向。中国梦是党的十八大以来，习近平同志所提出的引领中华民族和中国人民为之努力奋斗的战略目标和重要执政理念，具有很强的感召力。

中国梦的基本内涵是国家富强、民族振兴、人民幸福，此三者是一个有机整体。中国有实现自己梦想的道路、体系和制度。实现中国梦的实践基础是中国特色社会主义道路，理论基础是中国特色社会主义理论体系，制度基础是中国特色社会主义制度。中国梦是靠 14 亿中国人的美好向往和勤奋努力来支撑的。

中国共产党人在 21 世纪上半叶的接力奋斗将要努力实现三大目标：一是到 2020 年全面建成小康社会，二是到 2035 年基本实现社会主义现代化，三是到 21 世纪中叶建成富强民主文明和谐美丽的社会主义现代化强国。中国梦是现实的反映，不能离开现实来谈中国梦。“人的正确思想，只能从社会实践中来。”中国梦是与“人民正在进行的奋斗”相结合的，也是与“我们民族、我们国家需要解决的时代问题”相适应的。全部社会生活在本质上是实践的。任何固守本本、脱离活生生的实践的做法都是错误的。中国梦代表了广大人民的根本利益，反映了广大人民的根本心声和愿望，和每一个中华儿女的切身利益是紧紧连在一起的。国家富强、民族振兴，就能为个体提供有尊严的生活、人生出彩的宽广舞台。

梦想连着道路，道路决定命运。走正确的道路，就能够汇聚各方力量，实现美好梦想。中国梦的实现必须坚持走中国道路，即中国特色社会主义道路。历史已经证明，只有中国特色社会主义道路符合中国国情，能够富民强国。因此，我们将继续拓展和走好这条正确道路，使中国变得美好。2013 年 5 月 31 日，在接受外国媒体联合书面采访时，习近平总书记阐述了中国梦的实现条件，一是必须坚持中国特色社会主义道路，二是必须弘扬中国精神，三是必须凝聚中国力量，四是必须坚持和平发展。

中国梦把中国社会的共同理想形象、生动地表达出来，让人们“看到”愿景。马克思、恩格斯对未来新社会理想的最高境界就是“每个人的自由发展是一切人的自由发展的条件”。习近平同志强调，“中国梦是民族的梦，也是每个中国人的梦”。个人梦必须同民族梦融合起来、统一起来，梦想才有生命，梦想才有根基，梦想才有力量。对于广大人民来说，个人梦想的实现，依赖走共同富裕道路的中国特色社会主义，依赖公平的社会环境。在这个意义上说，个人梦也是中国梦。

中国梦蕴含着中国特色社会主义理论体系的精华，赋予中国特色社会主义道路、理论和制度新的内容，把中国特色社会主义理论体系推进到新的境界。新中国成立 70 年来，我们走过了外国人要几百年才能走完的路，给中国社会带来了前所未有的巨变，谱写了中国历史上最为辉煌的奋斗史诗。今天，中国站在新的历史起点上，亿万人民正为实现中华民族伟大复兴的梦想而拼搏。梦想越是远大，奋斗就越是艰辛。

中华民族是个有着5000年文明历史的伟大民族，作为其载体的古代中国曾以世界头号富强大国“独领风骚”达1500年之久。古代中国的盛世有两个重要标识：疆域版图特别辽阔，对世界文明的贡献特别巨大。中华民族是一个从不缺梦想的民族。2000多年前，我们的祖先就描绘了理想社会，“大道之行也，天下为公，选贤与能，讲信修睦……”

中华民族、中华儿女始终在追梦的道路上披荆斩棘。中国梦发端并贯穿于100多年的持续奋斗。鸦片战争以来，经过170多年的持续奋斗，无数爱国志士为了祖国的独立解放和人民的幸福，表现出最顽强的斗志、最忠贞的气节、最高尚的情操，实现了惊天地泣鬼神的凤凰涅槃。伟大复兴的中国梦寄托着无数仁人志士、革命先烈的理想和夙愿。习近平同志说：“实现中华民族伟大复兴，实现国家富强、民族振兴、人民幸福，是孙中山先生的夙愿，是中国共产党人的夙愿，也是近代以来中国人的夙愿。我们说的中国梦，就是这个民族夙愿的生动表述。”[①] 这个夙愿拓展了民族复兴的时代内涵，昭示着中华民族的美好前景，凝结着无数仁人志士的不懈努力，体现了中国人民的整体利益，反映了全体中华儿女的共同期盼。

中国梦具有厚重的历史和丰富的层次。中国梦既体现了中华民族5000年来优秀的历史文化传统，具有鲜明的民族特色，也体现着与时俱进的气息，代表着如今的中国特色。中国梦是复兴伟业的梦想，蕴涵着从国家到人民不同层次的梦想，在全国各族人民心中勾勒出未来美好蓝图的梦。始终坚持“和平、发展、合作、共赢”的梦又是与“世界梦”相通的，它是中华民族亿万炎黄子孙从始至终的执着与追求，是14亿中国人民的殷切盼望。深藏于中国人民心中的振兴中华、民族复兴的伟大梦想，犹如地平线上跳动着的朝阳，喷薄而出。正如习近平同志所言：“现在，我们比历史上任何时期都更接近中华民族伟大复兴的目标，比历史上任何

① 《习近平：共圆中华民族伟大复兴的中国梦》，载《人民日报》2014年2月19日。

时期都更有信心、有能力实现这个目标。”[①] 铿锵有力的话语，给许许多多的中国人带来了新的信息和希望。

中国梦深深反映了先人们不懈奋斗追求进步的光荣传统，深深体现了人民的共同理想。人民群众是物质财富和精神财富的创造者，是社会变革的决定力量，是实现中国梦的中坚力量。习近平同志指出：“人民立场是马克思主义政党的根本政治立场，人民是历史进步的真正动力，群众是真正的英雄，人民利益是我们党一切工作的根本出发点和落脚点。”[②] 在 2019 年新年贺词中，习近平主席将人民称为“奋斗者”“建设者”“参与者”“劳动者”“创造者”和“守护者”。他在贺词中特别提到一些人的名字，比如“天眼”总工程师南仁东，全军英模林俊德和张超，守岛卫国 32 年的王继才，为保护试验平台挺身而出、壮烈牺牲的黄群、宋月才、姜开斌等，并指出：“他们是新时代最可爱的人，永远值得我们怀念和学习。”

中国梦是全中国、全中华民族共同奋斗的目标。亿万人民对国家和民族的憧憬、对自己未来的憧憬，汇聚起来就是中国梦。中国梦是国家的、民族的，也是每一个中国人的。中国梦同每一个中国人的梦融合在一起，梦想才有根基，梦想才有力量。中国梦包含着每个中国人的梦。从根本上讲，中国梦的实现，有赖于中华民族每一个人的积极性和创造性的发挥。中国梦把国家的追求、民族的向往、人民的期盼有机地融为一体，充分体现了中华民族和中国人民的根本利益，表达了中华儿女的期许愿望。习近平同志指出，“中国梦的最大特点，就是把国家、民族和个人作为一个命运的共同体，把国家利益、民族利益和每个人的具体利益紧紧联系在一起”[③]。

因此，在推进中华民族伟大复兴的征程中，我们鼓励每个人都树立自

①《十八大以来重要文献选编》（上），中央文献出版社 2014 年版，第 83 页。
②《习近平谈治国理政》第 2 卷，外文出版社 2017 年版，第 189 页。
③《习近平总书记系列重要讲话读本》（2016 年版），人民出版社 2016 年版，第 8 页。

己的梦想，并创造条件让生活在伟大祖国和伟大时代的中国人民，共同享有人生出彩的机会，共同享有梦想成真的机会，共同享有同祖国和时代一起成长与进步的机会，在实现中国梦的过程中实现个人梦。国家好、民族好，大家才会好，中国梦是国家的、民族的，也是每一个中国人的。只有每个人都为美好梦想而奋斗，才能汇聚起实现中国梦的磅礴力量。

在中法建交50周年纪念大会上，习近平同志进一步指出，“我们的方向就是让每个人获得发展自我和奉献社会的机会，共同享有人生出彩的机会，共同享有梦想成真的机会，保证人民平等参与、平等发展权利，维护社会公平正义，使发展成果更多更公平惠及全体人民，朝着共同富裕方向稳步前进”①。

中国梦的提出，进一步回答了未来中国发展走向问题，为当代中国发展进步提供了精神引领。人们普遍感到中国社会有了高远、清晰的目标追求，增强了从大国走向强国的信心。中国梦把我们党的最高纲领和最低纲领有机统一起来，把中华民族伟大复兴和“两个一百年”奋斗目标有机衔接起来，具有巨大的影响力、感召力和凝聚力。

中国梦一经提出，便在整个中国社会引起共同关注、广泛共鸣和热烈反响。在中国各地，从报刊、书籍、视频，到大街小巷的宣传画，都可以看到“中国梦”的字样。中国梦迅速走红，源自这一概念中蕴含的“清新的理念和亲和的风格”，容易为大众接受和认同。中国梦超越语言，是朴素简明、直指人心的理论力量。这体现了习近平总书记在创建和传递愿景方面做得非常成功，彰显了他卓越的领导力和超强的影响力。国家行政学院中国领导科学研究中心主任刘峰认为，习近平总书记超强的领导力集中体现为果敢的决策力和强大的影响力，决策力重在中国道路，是中国梦的领导方向和领导愿景；影响力重在凝聚中国力量，是社会主义核心价值观

---

① 习近平：《出席第三届核安全峰会并访问欧洲四国和联合国教科文组织总部、欧盟总部时的演讲》，人民出版社2014年版，第25—26页。

的凝心聚力。

中国梦的构想赢得了国内的普遍认同。中国梦的提出激发了全国人民努力奋斗的动力，激发了许多创造力、正能量和正价值。大梦是小梦的汇聚。如果没有国家的发展与进步，实现个人梦想的机会就很少。反而言之，没有普通个体为了梦想努力奋斗，也就不可能有国家的繁荣与富强。无论是国家的富强梦，民族的振兴梦，还是个人的幸福梦，归根到底是人民的梦，它们的实现必须紧紧依靠人民。人民不仅是历史的创造者，也是中国梦的实现者。伟大的梦想必须落实到每个小小的梦想上，才能永葆活力。

面对人民群众对美好生活的殷切期待，中国道路、中国精神、中国力量正在汇聚起中国社会磅礴的正能量。有梦想，就要去追求。我们在奔跑，我们都是新时代的追梦人。一个个小梦的实现，就是向大梦的一步步迈进。多彩的蓝图，需要我们一笔笔去勾画；美丽的梦想，需要我们一步步去实现。梦在前方，路在脚下。

人生追梦最为美

梦想、理想是一个人的目标，是一个人内心深处最喜欢的追求。人要做最喜欢的事情。梦想即纯洁的初心，是人生原点上的希冀、事业启程时的信念、迷茫挫折中的担当、洗尽铅华后的恪守。有了梦想、理想，就会有燃烧不尽的激情，就会有不怕苦不怕累的拼搏精神及不屈不挠、不达目的不罢休的顽强意志，就能最终走出逆境，摆脱厄运，将自己的梦想与理想化为现实。

有了为之奋斗的梦想，能使人具有奋斗的动力、勇于献身的品格和高尚的情操。人类的文明史，是“人猿相揖别”后跨越思想的樊篱、勤于探索、勇于追梦的历史。盘古开天、神农尝百草、夸父逐日、精卫填海、愚公移山等古代神话无不反映了中华儿女勇于追求和实现梦想的执着精神。数百年来，孜孜追梦成为实现中华民族伟大复兴的不竭动力。

伟大事业始于梦想、基于创新、成于实干。行为学告诉我们，任何行为的开端都出自动机，一切行动的源泉都来自我们内心的思想。没有做不到，只有想不到，我们要敢想敢做。任何成果的开端都缺少不了炙热的梦想，如果说成功是一艘飞船，梦想就是飞船的指挥控制中心，指引我们奔向成功的目的地。有梦想才会有目标、有奔头。敢于有梦才有远方。“从现在起，五十年内外到一百年内外，是世界上社会制度彻底变化的伟大时代，是一个翻天覆地的时代，是过去任何一个历史时代都不能比拟的"[①]，毛泽东同志曾如此远眺未来。有梦想才能不断激励历代中华儿女不断地投身于祖国的建设中，创造出新时代、新格局。

梦想引导我们飞向远方。梦想能激发出最强烈的渴望，能挖掘出最大的潜能。人的崇高和伟大就在于把梦想作为目标来执着地追求。在新时代的征途中，我们以梦想导引航程，用拼搏奋斗成就伟大事业。山再高，往上攀，总能登顶；路再长，走下去，定能到达。没有目标的生活，犹如没有罗盘的航行；没有梦想的人生，犹如没有色彩的春天。"赶考"的初心、"追梦"的使命，贯穿于我们人生奋斗历程之中，成为我们努力前行的精神力量、推动事业发展的动力源泉。

古往今来，每一位成功者都心怀梦想。梦想是对美好事物的向往，是激发活力的源泉，是前进的能源。梦想驱动着我们前进，让我们不畏艰难，让我们敢于挑战，让我们义无反顾。心怀梦想，执着追梦，勤于圆梦，一切美好的东西都能够创造出来，这个世界因此而变得生动多彩。莱特兄弟因为有了飞翔的梦想，发明了飞机；爱迪生因为有了光明的梦想，发明了电灯；加加林因为有了探索宇宙的梦想，成为第一位从太空看到地球的人；阿姆斯特朗因为有了拜访月球的梦想，成为第一位登上月球的人；等等。

习近平同志于2019年2月20日下午在北京人民大会堂会见探月工程参研参试人员代表时强调，伟大事业都始于梦想，伟大事业都基于创新，伟大事业都成于实干。梦想一旦被付诸行动，就会变得神圣。只有勇于创新，打破常规，多闯多试，锲而不舍、驰而不息地奋斗，才可能找到一条适合自己的道路，才可能实现自己的梦想。

有梦想就有目标，有希冀才会奋斗。无论国家、社会还是个人，梦想都是保持生机、激发活力的源泉。2014年，50岁的马云作为阿里巴巴集

---

①《毛泽东文集》(第8卷)，人民出版社1999年版，第302页。

团的董事会主席，带领阿里巴巴团队到美国纽约证券交易所上市，大获成功。同年，他以 265 亿美元的身家成为中国大陆首富。

18 岁时，马云第一次高考失败，数学仅得 1 分。次年，他第二次参加高考，数学得了 19 分。1984 年，马云第三次参加高考，数学仍不合格，最后靠优异的英语成绩被杭州师范学院破格录取。1992 年，马云与同事一起创立海博翻译社，开始时经营亏损，入不敷出，马云就当小商贩，靠卖小工艺品、医疗器材和药品维持翻译社的生存。3 年后，翻译社盈利，后来发展成为杭州市最大的翻译社。1995 年，马云与妻子张英决定创办互联网公司，5 月 9 日，中国第一家商业网站“中国黄页”诞生。1999 年，马云在杭州成立阿里巴巴，开始电子商务的经营，一步步做大做强，从杭州走向中国，从中国走向世界。他说，能否坚持到底关系到事业的成败。

著名的探险家约翰 · 戈达德 15 岁那年写下了 127 项宏伟志愿，这是一场马拉松式的人生征程。到 60 岁时，他完成了 106 个目标，经历了 18 次死里逃生。有人问，是什么力量帮助他一次次成功时，他轻松地回答：“很简单，我只是让心灵一次次重温那个梦想。随后，周身就有了一股神奇的力量，接下来只需跟随着心灵的召唤前进就好了。”

人一定要有梦想。梦想看上去遥不可及，但如果你抓紧了它，尽最大可能地挖掘自身的潜能，克服一个又一个难题，就能实现它。莱特兄弟，即威尔伯 · 莱特和奥维尔 · 莱特，是美国发明家。少年时代，他们就志趣相投，喜欢观看在空中翱翔的鸟儿，研究和思索它们起飞、升降和盘旋的机理。一天，兄弟二人看到法国人李利安 · 米尔在一本书中讲述了乘坐一只巨大的风筝飞上天空的故事，激发了他们要乘坐自己制作的飞机飞上蓝天的梦想。

在无法得到资助的情况下，他们将经营自行车行生意赚来的钱投入飞机的研制。兄弟俩的配合是完美的，威尔伯拥有工程师的细致和谨慎，奥维尔则富有艺术家的想象力。两个智慧的大脑密切配合、相得益彰，经过3年1000多次的试验之后，莱特兄弟制造出与飞机接近的第三号滑翔机。之后，他们又请人制造了专用的发动机。1903年10月，“飞行者一号”组装完毕。

莱特兄弟行走在地上，却要飞上蓝天，为研制飞机不惜付出巨大代价。1903年12月17日，莱特兄弟制造的“飞行者一号”进行第一次试飞。试验面临着机毁人亡的危险，莱特兄弟却勇敢地跨上简陋的机座。试飞一连进行了3次，飞行时间由第一次的12秒增加到了第三次的59秒，飞行距离由36.6米延长到259.75米。世界上第一架有动力、可操纵、能持续稳定飞行的双翼飞行器的试飞取得了成功，莱特兄弟实现了自己的梦想，也开创了现代航空史的新纪元。

中国梦的实现任重而道远。每个中国人都是中国梦的参与者、创造者。没有梦想的人将梦想变成一个偶尔的谈资，如果有梦想却没有坚持去做，这样的梦想如镜中花、水中月一样，只是看上去的华美，实际上他们并没有触摸到梦想的力量。因此，梦想贵在坚持。

陈鲁民在《做梦·追梦·圆梦》中认为，梦分三个阶段：做梦、追梦、圆梦。这三个紧密衔接的环节，环环相扣，缺一不可。用王国维的话来说，做梦就好比“昨夜西风凋碧树，独上高楼，望尽天涯路”，要高瞻远瞩、精心策划。追梦是“衣带渐宽终不悔，为伊消得人憔悴”，是最艰辛，也是最关键的一环，许多人在这个环节就止步了，走不下去了，偃旗息鼓了。圆梦是“蓦然回首，那人却在灯火阑珊处”。能走到这一步，好梦成真，美梦变现，画一个圆满的句号，才是真正的赢家。追梦，是最关键、最核心、最决定命运的阶段，需要的是兢兢业业的奋斗、扎扎实实的拼搏。追梦，贵在坚持不懈，难在全力以赴。梦想不会自动成真，奋斗是成功的桥梁；目标不会自动抵达，奔跑才有远方。今天，我们所拥有的一切，无不凝聚着前辈的奋斗和汗水。没有前人的奋斗，就没有我们今天的一切。中国梦承载着全体中华儿女的共同向往，凝结着无数仁人志士的不懈奋斗。“实现中华民族伟大复兴是一项光荣而艰巨的事业，需要一代又一代中国人共同为之努力。”[①] 中国梦是谱写中国特色社会主义新篇章的动员令。改革攻坚，社会转型，新问题、新矛盾凸显，困难还很多。“船到中流浪更急，人到半山路更陡”。全面建成小康社会的蓝图怎样绘就，中华民族伟大复兴的中国梦如何实现，迫切需要我们每一个人在新的历史起点上，弘扬艰苦奋斗、实干苦干的好传统、好作风。

一个时代有一个时代的印记，一代人有一代人的使命。历史只会眷顾坚定者、奋进者、搏击者，不会等待犹豫者、懈怠者、畏难者。在中国革命过程中，中国共产党通过马克思主义中国化的实践，形成了新民主主义革命的道路，从而奠定了实现中国梦的基础。在社会主义建设实践中，中国共产党领导人民成功地探索了一条中国特色社会主义道路，从而使实现中国梦有了正确的道路。当代中国只有坚定不移地走中国特色社会主义道路，才能实现中华民族伟大复兴和社会主义现代化。党员、干部一定要站在时代的前沿，坚定共产主义远大理想和中国梦，锤炼党性品格，焕发担当精神，勇于创新，勤于实践，奔跑追梦，做出无愧于时代、无愧于人民、无愧于历史的业绩。

---

① 习近平《承前启后 继往开来 朝着中华民族伟大复兴目标奋勇前进》，载《人民日报》2012年11月30日。

为了人民的向往

日月不肯迟，四时相催迫。习近平同志担任国家主席后，在历年新年贺词中多次提到“人民”，这些话语温暖人心，催人奋进，给人以感动和力量。他向每一位科学家、工程师、“大国工匠”以及每一位建设者和参与者致敬；他忆起走村串户时见过的那些人，清楚地记得他们的名字；他牵挂脱贫一线的驻村干部、第一书记，叮嘱他们保重身体；他更没有忘记那些逝去的生命、那些为国为民捐躯的英雄，还有快递小哥、环卫工人、出租车司机以及千千万万的劳动者。

从“我最牵挂的还是困难群众”到“千千万万普通人最伟大”，从“中国人民必将创造出新的辉煌”到“把人民的期待变成我们的行动”……“人民”一直是习近平主席新年贺词中一以贯之的关键词。2019年新年贺词中，习近平主席再次深情赞颂中国人民，热情讴歌人民力量，他说：“人民是共和国的坚实根基，人民是我们执政的最大底气。”[①] 光荣属于人民、感情系于人民、力量源于人民，谆谆的爱民话语蕴含着大国领袖的爱国情怀，贯穿着一如既往的人民立场。“新征程上，不管乱云飞渡、风吹浪打，我们都要紧紧依靠人民，坚持自力更生、艰苦奋斗，以坚如磐石的信心、只争朝夕的劲头、坚韧不拔的毅力，一步一个脚印把前无古人

① 《国家主席习近平发表二〇一九年新年贺词》，载新华社 2018 年 12 月 31 日。

的伟大事业推向前进。”①

人民幸福是中国梦的最高价值追求。习近平同志指出：“中国梦是人民的梦，必须同中国人民对美好生活的向往结合起来才能取得成功。”②中国梦的实现有很多指标，如经济指标、军事指标、文化指标、科技指标、环境指标等，但最根本的是幸福指标。党的十九大报告要求深入贯彻以人民为中心的发展思想，着眼于改善人民生活、增进人民福祉。坚信人民群众是我们力量的源泉，坚持以人民为中心的发展思想，始终要把人民放在心中最高的位置。热爱人民、尊崇人民、依靠人民，是中国共产党一以贯之的“人民观”。

中国共产党作为执政党，受人民的委托管理国家事务。党员领导干部手中的权力来自人民，这种授权和使用相互关系决定了党员干部必须忠于人民、亲民爱民、为人民服务。党员干部在任何时候，都要心甘情愿地将自己置于人民公仆的地位，“官高不泯公仆心，位显愈添赤子情”，经常了解群众的喜怒哀乐，同群众保持密切联系，深深根植于人民群众之中。毛泽东说：“共产党就是要奋斗，就是要全心全意为人民服务。”③如果认为当上干部就觉得自己了不起，不把群众放在眼里、装在心上，恪守党的宗旨就会成为一句空话。如果把人民赋予的权力用来谋取私利，那就是对人民可耻的背叛。

全心全意为人民服务是中国共产党的根本宗旨，是 8900 多万共产党人的庄严承诺。党的一切奋斗和工作都是为了造福人民。共产党人不论职位高低、权力大小，都不能忘记群众利益、群众路线、群众力量和群众智慧。这是共产党员，尤其是领导干部约束自身行为的最高准则，是忠于人民的道德追求，是必须坚持的执政理念。

---

①《国家主席习近平发表二〇一九年新年贺词》，载新华社 2018 年 12 月 31 日。

②《习近平在华盛顿州当地政府和美国友好团体联合欢迎宴会上的演讲》，载《人民日报》2015 年 9 月 24 日。

③《毛泽东著作选读》（下册），人民出版社 1986 年版，第 800 页。

时代楷模廖俊波于1968年7月出生在一个普通家庭。他的父亲是公社办事员，母亲是一位民办学校教师，父母的文化程度虽不高，但深受传统文化的影响。“国有俊士，世有贤人”，早在他出生之前，他的父母就商量好了，如果生的是儿子，就取名为俊波，希望他长大后成为一个才智出众、英俊潇洒、堂堂正正的男子汉。廖俊波毕业后，当过中学老师、乡镇干部，曾任福建省南平市委常委、常务副市长，武夷新区党工委书记，他始终把为人民谋幸福视为自己的责任，把民生放在首位。

廖俊波的工作岗位不断变化，但他的口头禅始终不变——“能到现场就不在会场”。他走到哪里，哪里就会大变样。1998年，廖俊波任邵武市拿口镇党委副书记、镇长，摆在他面前的第一个任务就是百年不遇的特大洪灾的灾后重建。他挨家挨户探访情况，把受灾的几百户都走了个遍。农民吴炳贤盖新房时不小心砸伤了腿，只能眼睁睁看着别人盖房。廖俊波得知后，出钱请人帮他代建房，并多次上门看望。1999年春节，包括吴炳贤在内的500多户在新房里高高兴兴地过新年。“拿口镇到朱坊村的水泥路，直接受益的群众有1.3万人，占全镇人口近一半，竣工时几百名群众自发敲锣打鼓给镇政府送匾。”时任拿口镇党委书记熊贻荣记忆犹新。

2007年，廖俊波任福建南平市政府副秘书长，被安排到南平市浦城县筹建工业园区。当时还是一片荒山，摆在廖俊波面前的是白手起家。他毫不计较条件的艰苦，浑身充满了干劲，绘制了一张宏伟蓝图，身体力行找客商，挨个登门造访，签了51个项目，吸引投资高达28.03亿元。

在2011年市县领导班子换届考察中，因为廖俊波政绩突出，很多同志推荐他作为南平市副市长候选人。但经综合考虑，组织决定让他出任政和县委书记。当省委组织部的同志找廖俊波谈话，听取他个人意见时，他不假思索地表态：“我听从组织的安排，县委书记一职对我来说已经是重用了。”廖俊波毫无失望之态，用实际行动贯彻了对党忠诚的坚定信念。

廖俊波又肩挑新任务，到经济困难的政和县担任县委书记。他说：“七星溪水在奔向大海的前进途中，会遇到各种各样的障碍，绕道走了弯路，但它最终还是抵达了大海。我们要向母亲河学习，把走弯路看成是一种常态之事，正确看待前进中遇到的坎坷和挫折。”为了让23万政和百姓获得较多的幸福感，他把责任担当放在首位，把全县的经济发展立在前头，呕心沥血地思考办法和对策，全力带动山区群众摆脱贫困。他大搞特色经济、帮扶金融贷款、简化审批流程，建起了省级经济开发区。半年后，首家企业投产，创造了“政和速度”，亦有人说这是“俊波速度”。两年时间，政和县打了一个漂亮的翻身仗，从全省倒数第一跃入“十佳”。在他离开政和县时，全县的财政收入翻了两倍多，并且连续三年进入全省县域经济发展“十佳”。

曾经，政和县没有高速公路，没有市民广场，没有文化中心，没有像样的桥梁，甚至没有红绿灯、斑马线。2011年6月至2016年4月，廖俊波担任县委书记期间，将政和县城的城镇化率从31%提高到46%，迎宾大道建起来了，主街改造好了，政和广场、文化中心投入使用了，9座市政桥梁竣工了，宁武、松建两条高速公路通车了，25年没有人考上北大清华的历史结束了，连以往想都不敢想的工业园区也开发了3600亩。尽管在政和干得风风火火、成绩斐然，但是廖俊波时常以谷文昌激励和鞭策自己，更加奋发工作。

“开局就是决战，起步就是冲刺”，这是廖俊波在武夷新区“百日攻坚”动员会上的开场白。他不仅自己冲在前面，还拉上别人一起跑。廖俊波玩命工作、纵情奔走，连司机都忍不住问：“领导，您不觉得累吗？”廖俊波的回答是：“带孩子够辛苦吧，但父母为何乐在其中呢？因为信念！人有信念，就不会觉得累。”正因为信念在心、使命在肩，他以党和人民事业为最高追求，以干事创业、造福百姓为最大快乐。25年党龄，化为忠诚的坚守、奉献的追求。

心中装有百姓的冷暖，这是为民情怀；干点让百姓满意的事情，这是为官根本。廖俊波以自己的担当精神生动诠释了为民情怀和为官根本。廖俊波的微信昵称为“樵夫”，誓要为人民披荆斩棘。廖俊波以深厚的为民情结，全身心为民兴利谋福，证明了自己是一个高尚的人、一个纯粹的人、有益于人民的人。和廖俊波同在荣华山产业组团的南平工业园区管委会副主任刘晖明对廖俊波的印象是：除了几个小时睡觉时间，他每天都在工作，在办公室是工作，在工地是工作，在车上也是工作，吃饭的时候只要一接到工作电话，便忘记了吃饭。“我有时候半夜醒来，经常被他吓一跳，他一个人坐在床头，拿着笔记本不知道在写些什么。”

领导干部有好的工作作风，坚持党的群众路线，一切相信群众，一切依靠群众，从群众中来到群众中去，尊重群众的首创精神，才能心系群众、深入基层、了解实情，把人民群众当亲人、当老师，才能真正做到权为民所用、情为民所系、利为民所谋。习近平在十八届中央纪委二次全会上强调：“工作作风上的问题绝对不是小事，如果不坚决纠正不良风气，任其发展下去，就会像一座无形的墙把我们党和人民群众隔开，我们党就会失去根基、失去血脉、失去力量。”①

人民的利益高于一切，尽心竭力为人民服务，是党性的集中表现，是共产党人权力观的根本要求，是领导干部道德规范的本质内容。全心全意为人民服务，就是始终把人民群众的冷暖安危放在工作首位，从人民群众最现实、最关心、最直接的问题入手，把权用在为人民造福上，把情系在人民安危冷暖上，把利谋在提高人民生活水平上，为群众诚心诚意办实事、尽心竭力解难事、坚持不懈做好事。

纵观古今中外，凡成大事者，多是心中无我或少有自我之人，他们总是志向高远、心怀天下，以造福芸芸众生为己任，并为此孜孜不倦地追求。利己者生，利他者强；利己者小得，利他者大得。1944 年 10 月，毛泽东在接见新闻工作者时指出：“三心二意不行，半心半意也不行，一定要全心全意为人民服务。”② 从此，全心全意为人民服务成为我们党的根本

① 《习近平关于全面从严治党论述摘编》，中央文献出版社 2016 年版，第 148 页。

② 习近平：《在“不忘初心、牢记使命”主题教育工作会议上的讲话》，载《求是》2019 年第 13 期。

宗旨，成为党员干部的行事准则与终身的奋斗目标。

西方国家的一些政党忙着为选票相互攻击拆台，没有为民众做事的诚意，僵化不前，失去自我变革的勇气和动力，日益失去人心，成为发展停滞、社会动荡的因素之一。中国共产党始终怀抱远大理想，领导中国人民走上了国家富强、人民幸福的康庄大道，正是因为中国共产党始终坚持为人民服务的根本宗旨。

坚持党的宗旨最根本的是要解决“人活着为了什么”和“为什么人而活着”这两个根本问题。我们把群众放在心上，群众才会把我们放在心上；我们把群众当亲人，群众才会把我们当亲人。如果只是为自己、为家庭而活着，只是为钱而奋斗，这样的人生是很有限的，人生的色彩也会黯淡。共产党员要把群众当亲人、当朋友、当老师，始终保持身心永远和群众在一起，这样的人生才是有价值的人生，这样的人生才是闪光的人生。

位尊不泯公仆心，始终与人民群众坚定地站在一起，心连心、同风雨、共患难，把有限的时间用在无限的为人民服务上。习近平同志在“不忘初心、牢记使命”主题教育工作会议上强调“为中国人民谋幸福，为中华民族谋复兴，是中国共产党人的初心和使命，是激励一代代中国共产党人前赴后继、英勇奋斗的根本动力”①。总书记在阐述此次主题教育“守初心、担使命，找差距、抓落实”的总要求时指出，“守初心，就是要牢记全心全意为人民服务的根本宗旨，以坚定的理想信念坚守初心，牢记人民对美好生活的向往就是我们的奋斗目标；以真挚的人民情怀滋养初心，时刻不忘我们党来自人民、根植人民，人民群众的支持和拥护是我们胜利前进的不竭力量源泉；以牢固的公仆意识践行初心，永远铭记人民是共产党人的衣食父母，共产党人是人民的勤务员，永远不能脱离群众、轻视群众、漠视群众疾苦”②。要常下基层，在摸爬滚打中培养感情、取得真经、

①② 习近平：《在“不忘初心、牢记使命”主题教育工作会议上的讲话》，载《求是》2019 年第 13 期。

增长才干、启迪智慧；要想群众所想，急群众所急，忧群众所忧，办群众所需，把群众是否满意作为衡量工作的最高标准；领导干部更要始终与人民同甘共苦，引导和带动周围的党员干部为人民服务。

“我不怕群众不听话，就怕自己不听群众的话。我听了老百姓的话，老百姓肯定会听我的话”，有52年党龄的江苏省华西村老书记吴仁宝如是说。吴仁宝曾提出：“有福民享，有难官当。”华西村的实践证明，能做到“有福民享，有难官当”，才能体现出共产党员的先进性，组织才有力量，干部才有权威，经济才能发展，老百姓才能得到实惠。

以人民为中心、执政为民，是我们党的性质和根本宗旨的集中体现，是指引、评价、检验我们党一切执政活动的最高标准。共产党人来自于人民、植根于人民，是人民哺育的，是人民培养的。因此，共产党人不论职位高低、权力大小，都必须忠于人民，不能忘记群众利益、群众路线、群众力量和群众智慧。这是一切共产党员约束自身行为的最高准则，是党员干部价值观的主要内涵，是必须坚持的执政理念。毛泽东曾有一个生动贴切的比喻：“我们共产党人好比种子，人民好比土地。我们到了一个地方，就要同那里的人民结合起来，在人民中间生根、开花。”①只有同人民同甘苦，党才能生存、发展、壮大。在新时代征程上，不管乱云飞渡、风吹浪打，党员干部都要依靠人民，把伟大事业推向前进。

为人民服务包含着为人民眼前、局部利益服务和为人民长远、根本利益服务两层含义。党员领导干部为人民服务既要注重人民的眼前利益、局部利益，更须注重人民的长远利益、根本利益。党员领导干部不仅要一时一地为人民谋利，而且要一辈子都为人民服务，做到思想纯洁、作风质朴、工作务实、为人实在，始终全心全意为人民服务。人民的公仆要把人民当成父母一样敬重、关爱，把权用在人民身上，把情系在人民身上，把利谋在人民身上，把解决人民最关心最直接最现实的利益问题放在工作首

①《毛泽东选集》第4卷，人民出版社1971年版，第1162页。

位，作为检验作风纯洁性的试金石。

“燕赵楷模”王双廷和王生廷是一对兄弟，哥哥王双廷是村党支部书记，弟弟王生廷是国网河北井陉供电公司小作供电所员工，同时也是一名共产党员。

2016 年 7 月 19 日，地处太行山区的井陉县小作镇南石门村遭遇百年不遇的暴雨袭击。21 时许，山洪冲倒电杆，造成南石门村停电。身为供电所员工的王生廷冒险前去查看情况，突然发现滚滚洪水正在向村子袭来。危急时刻，他不顾个人安危跑回地势低洼的村中，与身为村支书的哥哥王双廷和村干部们顶着倾盆大雨，就着微弱的手电光，挨家挨户拍门、呼喊，急速动员老老少少借着全村房连房的优势上房顶快速转移…… 王生廷路过妻子高建林所开的小卖部时没有停留片刻，只高喊了一声“赶紧回家！”就扭头去救别的村民了。洪水袭来仅 15 分钟，便淹没了大半个村子。但因为两兄弟及时预警，全村 30 多户 198 人顺利脱险，不幸的是王生廷的妻子高建林因躲避不及遇难。

一夜的大雨，南石门村的男女老少在雨中祈祷平安。次日凌晨 4 时许，小作镇的干部群众赶来救援。天一亮，王双廷便召开了洪灾后的第一次村民大会，他坚定地对大家说：“擦干泪，我们要自救！只要人在，就会有一切！”这场灾难中，全村有 8 人死亡，包括王生廷的妻子。

灾难夺走亲人的生命，却夺不走一名共产党员的意志品质。王生廷说：“越是紧急时刻，党员越是要站出来，扛起来，让大家安心。”安葬妻子后的第二天，他就和哥哥一起全力投入灾后重建工作中。他积极参加高压线路抢修恢复工作，在作业现场连续工作 20 多个小时；用自己家的铲车，清理南石门村通往高速路的道路，为电力快速抢修开出一条平坦大道；救灾期间，他每天都帮村委会输送、发放救灾物资。

身为村党支部书记的王双廷踩着满街的泥泞，领着大家自救，双脚溃烂就用布裹上，毫不退缩……24 日，村里通水；25 日，村里恢复正常用电，南石门村很快就恢复昔日的容貌。灾难来临的时候，王生廷首先想到的是全村的乡亲。灾难夺走了家人的生命，但是没有夺走他拼搏奉献的党员初心；洪水冲垮了一座座房屋桥梁，但是冲不垮他保卫家园的决心。王双廷、王生廷兄弟在奔腾的洪水中救助群众，一马当先，没有怨言；在灾后恢复生产重建中，身先士卒，不讲条件。他们用自己的行动诠释了共产党员的铮铮誓言，他们是肩负着一村安危兴旺的“顶梁柱”，他们是见义勇为精神发扬光大的传承人！

党员干部践行政德修养，不是“只为领导服务”，而是时时为人民服务，还要引导、带动周围的党员干部为人民服务，形成社会合力，推动社会进步与发展。对于领导干部来说，有权必有责，讲责任是做好各项工作的前提和基础。责任就是分内应做的事情。因此，领导干部必须增强责任意识，恪守兴党之责，砥砺为民之志，善谋富民之策，多办利民之事，让人民身受其惠，时刻感受到公平和正义；先忧后乐，以身作则，敢于担当，奋斗拼搏，毫无保留地贡献自己的聪明才智，为人民建功立业，最大限度实现人生价值。

领导干部与群众的关系，犹如鱼与水之间的生命交融，好比种子与土地之间密不可分。我们要与群众“零距离”接触，不听“恭维话”，多听“真心话”，了解群众的喜怒哀乐、悲欢离合，同群众保持密切联系，深深根植于人民群众之中，把权用在人民身上，把情系在人民身上，把利谋在人民身上，把解决人民最关心最直接最现实的利益问题放在工作首位，把工作实效作为检验作风的试金石。

我们共产党员自入党那天起，就是党的人，就要把全心全意为人民服务作为自己的天职，当作自己的座右铭，先忧后乐，先苦后甜，坚持自力更生、艰苦奋斗，以坚如磐石的信心、只争朝夕的劲头、坚韧不拔的毅力，敢于担当，奋斗拼搏，奔跑追梦，毫无保留地贡献自己的聪明才智，为人民建功立业，坚持人民主体地位，保障人民权益，直到生命的最后一刻，书写有益于人民、无愧于历史、不负于前辈的崭新华章。

峥嵘岁月情怀真

共产党人的最高幸福就是为人民谋幸福，就是在具体的为人民服务的实践中奉献自己的一切。黑格尔曾经指出："一种人毕生致力于拥有，另一种人毕生致力于有所作为。"一心渴望拥有，一旦没有达到目的，就会失落、痛苦。夙夜在公、心无旁骛，专心于事业的追求，就会增添许多快乐、减少许多烦恼。全心全意为人民服务是中国共产党的根本宗旨，是党的全部追求，是党永恒的精神家园，是党执政的伦理底线，是共产党人的庄严承诺。党的一切奋斗和工作都是为人民谋幸福。

焦裕禄是新中国成立后优秀党员干部的代表，被誉为"党的好干部""人民的好公仆"。1943 年秋，他给地主当长工。1946 年 1 月，在北崮山村参加中国共产党。不久，他又正式参加了博山县区武装部的工作，在当地领导民兵，坚持游击战争。之后，又被调到山东渤海地区参加土地改革复查工作，曾担任组长。解放战争后期，焦裕禄随军离开山东，到了河南，分配到尉氏县工作，先后担任过副区长、区长、区委副书记。1953 年 6 月，焦裕禄响应党的号召，调到洛阳矿山机器制造厂参加工业建设，担任过车间主任、科长。1962 年 6 月，为了加强农村工作，焦裕禄又调回尉氏县任县委书记。1962 年 12 月，焦裕禄调到兰考县，先后任县委第二书记、书记。

被称为"人民的好公仆"的焦裕禄始终保持着艰苦奋斗的工作作风，坚持实事求是、群众路线的领导方法，用自己的实际行动铸就了爱民亲民、艰苦奋斗、科学求实、迎难而上、无私奉献的“焦裕禄精神”。

兰考县地处豫东平原黄河故道，黄河多次改道和多次泛滥，给这个县留下了大片的沙荒地、盐碱地以及内涝等灾害。焦裕禄到兰考县时，兰考大地正遭受内涝、风沙、盐碱，兰考农民食不果腹、衣难御寒。

焦裕禄到任后，立即抽调20名干部、老农和技术员，组成一支三结合的“三害”调查队，展开了大规模的追洪水、查风口、探流沙的调查研究工作。他拖着患有慢性肝病的身体，用一年多的时间跑了120多个大队，几乎跑遍了全县的沟沟坎坎。一个寒冬，焦裕禄进入一个低矮的茅屋，一个瘫痪在床的老人问他：“你是谁？大雪天到我家来干啥？”焦裕禄饱含深情地答道：“我是您的儿子……”

焦裕禄以重病之躯，率领兰考人民战天斗地，夙兴夜寐地为兰考人民奔波操劳，带领全县人民治理“三害”。他在群众中学到了不少治沙、治水、治碱的办法，总结了不少宝贵的经验。用翻淤压沙的办法把沙丘封住，焦裕禄形象地称之为“贴了膏药”；在沙丘上种树，焦裕禄称之为“扎了针”。风沙最大的时候，他带头下去查风口、探流沙；雨最大的时候，他带头冒雨涉水观看洪水流势和变化；大雪铺天盖地的时候，他带头慰问贫苦百姓。他经常钻进农民的草庵、牛棚，与农民同吃同住同劳动。他心里装着全县的干部群众，却唯独没有自己。他经常会肝部痛得直不起腰、骑不了车，此时他就用手或是硬物顶住肝部继续工作。

1964年3月20日，在翻淤压沙工地上，焦裕禄躬身拉着一辆装满淤土的架子车，一步一点头地爬坡。突然，焦裕禄晕倒在地……大家急忙把他送回县里，他这才答应去医院检查。

焦裕禄长期患有肝病，家里人口又多，生活上比较困难，却始终拒绝接受国家的救济。他首先想到的是百姓的困难，想要把钱用到改善兰考人民生活的事业上去。他经常教育家人生活要节俭穿着要朴素。有一次，他发现大儿子去看戏了，就问戏票是哪里来的。大儿子说买票的人知道他是焦书记的儿子就没有要他买票。他听了之后非常生气，马上把全家集合起来教育了一顿，然后让大儿子立刻把票钱还给戏院。不仅如此，他还专门起草了一个《干部十不准》的文件，规定任何干部不准搞特殊化。

焦裕禄是艰苦朴素的典范。他使用的办公桌和文件柜都是兰考县委刚刚建立时买的，不少地方都有破损，有人劝他换个新的，但他只是简单修了一下后继续使用。他穿的衣服鞋袜缝了又缝、补了又补，总也舍不得换。他的爱人生气不给他补，他就自己动手补。他吃的是窝窝头、小咸菜。有一次，儿子要吃肉，他一气之下打了孩子，之后耐心地告诉孩子，有窝头吃就很不错了，多少人连这还吃不上。在下乡救灾的艰苦奔波中，他自备干粮，和群众一起战洪水、探流沙、查风口。他坚持生活在人民群众之中，和大家同甘共苦。哪里最艰苦，哪里就有他的身影。

1964 年 5 月 14 日，焦裕禄被肝癌夺去生命，年仅 42 岁。临终前，他对组织的唯一要求就是将自己的遗体运回兰考，埋在沙滩上，要看着后人把风沙治好。焦裕禄去世后，兰考县的全体党员和群众继承他的遗志，自力更生，艰苦奋斗，用汗水浇灌兰考大地，将焦裕禄倡导制定的改造兰考自然面貌的蓝图逐渐变成了现实。

在兰考县焦裕禄纪念馆中，陈列着焦裕禄用过的各种物件，特别引人注目的是一床被褥，被子上有 42 个补丁，褥子上有 36 个补丁。同志们曾多次劝他换床新的，焦裕禄说："我的被子破了，是需更换新的，但应该看到，灾区的群众比我更需要。其实，我这床被褥还算好的了，比我要饭时披着麻包片，住在房檐底下避雪强多啦！"

郭沫若诗云："吾爱焦裕禄，毛公好学生。利人如不及，忘我若无情。"念念不忘人民群众，念念不忘国家和党交给自己的工作，为老百姓付出了一生的时间和精力，这就是焦裕禄，一个优秀的共产党人。

习近平同志在兰考视察时说："焦裕禄精神不仅影响着你们，而且影响了几代人……焦裕禄同志是一个很高很高的标杆，我们要见贤思齐。”[①]2014 年 3 月 17 日，总书记第二次来到兰考。在纪念馆内，他深情地说：“他的精神……过去是、现在是、将来仍然是我们党的宝贵精神财富，我们要永远向他学习。”在焦裕禄精神的丰富内涵中，有着强烈的公仆意识，从重重困难中闯出了一条希望之路。重温党的优秀干部可歌可泣的事迹，我们不难发现，如果党员领导干部都能像焦裕禄那样，永远坚持群众路线，始终把群众放在心中最高位置，带着感情走进群众，怀着亲近感融入群众，同群众风雨同舟、血脉相通，干在实处，走在前列，那么党就具有了强大的生命力，就没有战胜不了的困难，就能永远立于不败之地。

党员干部，无论何时何地，都不能忘记：自己来自于老百姓，身上有着草根基因。在任何时候、任何情况下，都要强化宗旨意识，坚持群众路线，处理好党员干部与群众的鱼水关系、血肉关系、舟水关系、种子与土地的关系、公仆与主人的关系，与人民群众同呼吸共命运，始终真心诚意地为人民谋利益。

---

①《让生生不息的焦裕禄精神发扬光大——习近平缅怀焦裕禄记》，载中国共产党新闻网 2019 年 4 月 7 日。

为了人民谋幸福

如果一个人只为自己活着，那么他的生命是黯淡的。只有为同时代人的完美、幸福而生活，才能使自己的人生有意义。马克思、恩格斯曾说："无产者在这个革命中失去的只是锁链。他们获得的将是整个世界。"他们追求建立一个理想社会——在这个自由人联合体中，要实现每个人的自由而全面的发展。马克思、恩格斯在《共产党宣言》中描述了未来美好社会，指出"代替那存在着阶级和阶级对立的资产阶级旧社会的，将是这样一个联合体，在那里，每个人的自由发展是一切人的自由发展的条件"。出于强烈信仰动机的为人民谋幸福，具有更强大的精神动力和顽强的行动意志。

习近平同志强调："中国梦归根到底是人民的梦，必须紧紧依靠人民来实现，必须不断为人民造福。""如果当官只是为了图个人私利，那么，在政治上就会结党营私，行为上就会违背道德施欺骗邪恶之术，终难逃脱身败名裂的下场。当官，当共产党的官，只有一个宗旨，就是造福于民。"

1994 年，郭明义在电视里看到偏远山区的孩子辍学的新闻，他向岫岩满族自治县山区一名失学儿童捐献 200 元，十几天后，又给这孩子寄去 200 元。十几年来，郭明义的爱心撒播在海城、岫岩及鞍山市区等地，先后资助了 100 多名贫困的小学生、中学生以及大学生，捐助资金达 5 万余元。2008 年 3 月 4 日，他发起成立了以捐资助学为主要活动的"郭明义爱心联队"，仅一年半时间，"爱心联队"的成员就从开始的 12 人发展到

30 人，“爱心联队”资助了 120 多名贫困学生。

郭明义第一次献血是在 1990 年，齐大山铁矿号召职工义务献血，郭明义立刻报了名。从此，他年年坚持无偿献血，2005 年他开始每月捐献血小板，捐献 40 多次，累计献血 6 万毫升，相当于他身体全部血液量的 10 多倍。2008 年 12 月，郭明义获得国家卫生部颁发的“全国无偿献血奉献奖金奖”。此外，他还组织了十余次大规模献血活动，累计献血达到 10 多万毫升。郭明义入党 30 多年来，以无私奉献的实际行动，诠释了当代共产党人的坚定信念和高尚情操，赋予雷锋精神以新的时代内涵。

从 2009 年发起成立郭明义爱心团队，全国各地已建立 1000 余支分队，180 多万名志愿者加入其中，在全社会广泛掀起“跟着郭明义学雷锋”的热潮。郭明义荣获部队“学雷锋标兵”“鞍钢劳动模范”“全国优秀共产党员”“全国助人为乐道德模范”称号以及“全国五一劳动奖章”“改革先锋”殊荣。

作为党员干部，把群众当亲人，为人民做好事，不是恻隐之心，而是政治责任；不是策略安排，而是价值取向；不是权宜之计，而是根本要求。要牢固树立群众观点、坚持党的群众路线，在党和群众之间架起情感交融的桥梁。党员干部必须把群众的安危冷暖放在心上，从感情上贴近群众，视群众的需要为自己的需要，以群众的幸福为自己的幸福，才能增进与群众的感情。

四川省南江县纪委原书记王瑛说：“我们手中的权力都是公共权力，是人民群众交给我们的。如果用权力谋私利，就是对人民的背叛。”王瑛生前喜爱巴山红叶，她的影集有许多照片以红叶为背景，很好看。那张最美的照片上系着一条红纱巾，像巴山红叶一样绚烂。她也有着红叶一般的品格。

2004 年 4 月的一天，王瑛赶赴洋滩村检查贫困户帮扶工作时，看到一个农妇杵着一根长木棒，背着一袋农家肥，正艰难地蹚水过河。一条河把洋滩村划成两半，村民们住这头，田地在河那头，抢种抢收要抄近路就只能蹚河过去。王瑛皱紧眉头，问随行的乡村干部："咋不想办法修座桥呢？""规划了好几次，可实在没钱，以后我们再想办法吧。"一名乡干部叹了口气。

"这件事不能再说以后了！现在就定！走，我们去看看在哪修桥合适。"王瑛带着乡、村干部在河边来来回回走了 3 次，寻找合适的修桥地点。王瑛和大家核算了建桥所需的物资、经费，研究了建桥方案，并表示："洋滩村是县纪委的对口联系村，农民过河难，我们有责任解决。回去后，我负责给你们协调建桥所需的钢绳、铁丝、水泥和资金……基础工程明天就开工。三天后，我专门来检查。"

三天后，王瑛带领县林业局等相关部门负责人来到洋滩村，协调解决了建桥所需的物资、经费。村民们得知消息后欢欣鼓舞，齐心协力，只用了 20 多天就修建了一座长 120 多米、宽 1.5 米的铁索桥。村民吴伯军激动地说："我们做梦都想有座桥啊！王书记给我们架了桥，以后再也不用蹚水了！"

心中装着人民，就是要把人民当成父母一样敬重和关爱，来不得半点虚假。人民群众是我们的衣食父母，是我们生命之所系。人民群众是我们的生存之本，离开了人民群众，我们将一无所有；人民群众是我们的力量之源，离开了人民群众，我们将一事无成。党员干部应当对此有清醒的认识。

2014 年 9 月 8 日下午，山东省海阳市张家庄渔港码头附近一辆小卡车失控冲进海里。路过码头的中国核建二四公司海阳核电项目部员工刘彦龙、杜永利听到呼救声后，直奔出事地点。看到挣扎求生的人，他们来不及多想，和衣扎进了冰冷的海水中。此时海水只有 10 多度，码头的淤泥厚约两米，围观者不敢轻易下水。刘彦龙知道杜永利水性不好，就让他在近岸拉人。杜永利于是抓起岸边的一截缆绳，套在刘彦龙的腰上。两人齐心协力救上了 6 人。得知副驾驶还有一人时，精疲力竭的刘彦龙毫不犹豫返身跳进了海里。尝试几次无法触底，他毅然抱起一块大石头又跳下去，借力沉入海中。在淤泥里几经摸索，拉出了一位女士。

当110警车和120救护车迅速赶到时，刘彦龙和杜永利穿着湿漉漉的衣服，默默离开了现场。回到项目部后，他们没有向任何人提起这件事。后来，根据群众提供的线索，当地派出所致电海阳核电项目部表示感谢，大家才得知这一感人的壮举。

刘彦龙和杜永利见义勇为的先进事迹，通过媒体报道后，迅速引起社会广泛关注。面对“中央企业优秀共青团员”和中国核建集团“见义勇为先进分子”等诸多荣誉，他们说得最多的一句话就是“其实真的没什么”。

党员干部要始终保持同人民群众的血肉联系，牢牢抓住群众路线这条党的生命线，与人民群众同呼吸、共命运、心连心，把人民的向往作为我们的目标追求深深植根于全党同志的思想和行动中，以优良作风把人民紧紧凝聚在一起。要多想想困难群众，经常了解群众的喜怒哀乐，爱群众所爱，悲群众所悲，倾听群众所思所想、所急所盼，顺应群众期待，多做实事，少做虚功，埋头苦干，问政于民、问需于民、问计于民，从中汲取智慧和力量，回应人民的关切，维护人民的利益，解决损害群众利益的突出问题，维护社会公平正义，书写无愧于人民的光荣与梦想。

追梦莫移公仆心

中国梦是民族的梦，也是每个人的梦。在追求中国梦的实践中，最不可缺少的就是公仆精神。“人民公仆”，即人民共同雇佣、为人民办事的仆人。“公仆”是马克思在 1871 年总结巴黎公社经验的时候第一次提出的，他说把公社的权力“交给社会的负责的公仆”。为人民服务是马克思、恩格斯为我们确立的最基本的思想，是共产党人一切工作的出发点和归宿。中国共产党人把公仆理论付诸实践，风范长存，影响深远。

我们党对党员干部明确提出了要做人民公仆的要求，目的就是让党员干部增强为人民服务的意识，廉洁勤政为人民。毛泽东指出，共产党是为人民谋利益的政党，没有私利可图。1945 年，中国共产党第七次全国代表大会正式把“全心全意为人民服务”写进党章。

中国共产党将全心全意为人民服务确立为自己的宗旨，是由党的性质决定的。党的性质决定着我们党除了工人阶级和最广大人民的根本利益，没有自己的特殊利益。党的纲领、路线和政策，集中反映了工人阶级和最广大人民的根本利益；党的一切活动的出发点和归宿，都是为着工人阶级和全国各族人民的利益。党员干部必须强化为人民服务的意识，把实现人民群众的根本利益作为工作的最高目的，自觉尽人民公仆的责任，靠苦干实干的精神成就事业，为人民的幸福创造出色的业绩。

毛泽东、周恩来、朱德等老一辈无产阶级革命家是保持公仆本色、全心全意为人民服务的典范。毛泽东曾批评“官气”，认为它“是一种低级趣味，摆架子、摆资格、不平等待人、看不起人，这是最低级的趣味”。毛泽东了解到瑞金沙洲坝缺水吃，亲自带领军民挖“红井”，解决了群众饮水困难。朱德等领导人也都带头下田，帮助农民插秧收稻、车水抗旱。1946年，朱德在一首诗中曾经生动写下了当地的真实情景：实行民主真行宪，只见公仆不见官。陕北齐声歌解放，丰衣足食万家欢。周恩来、张闻天等带头参加周六义务劳动，为军属地除草、种菜、挑水。历史告诉我们，只有把自己摆到与群众休戚与共的位置，才能成为“创造了第一等的工作”的模范工作者，才是一个共产党人的应有追求。

新中国成立后，公仆思想进而得以在全国范围内弘扬。1957年，毛泽东对他身边的工作人员说：“我没有想到我会当共产党的主席，我本是想当一名教书先生，就是当名教书先生也是不容易的呢。”他说：“主席不是皇帝，主席只是人民的一个服务员。”①

周恩来心系群众，时时记挂着群众，处处为群众着想。只要是关系到群众的事情，他总是真情对待，关怀备至。他身体力行，哪里的群众有灾害和困难，他就及时出现在哪里。他经常教导身边的人说，为人民服务就是要像春蚕那样吐出最后一根丝，国家的干部是人民的公仆，应该而且必须与群众同甘共苦。

1954年的冬天，周恩来听说北京的公共汽车很拥挤，老百姓坐车很困难。一天下午，周恩来一行三人来到北京图书馆附近的汽车站，“挤”上了公交车。周恩来坚持坐了很长时间，下车后，又体验了无轨电车，在寒冷的夜晚走了大半个北京城。搞清楚状况后，周恩来立即召集有关部门的同志研究解决交通拥挤的办法. 并提出了具体意见。1971年，一次在总理办公室开一个小型会议，此时，周恩来已连续工作了近20个小时，他来到会议桌旁，直挺挺地站在那里听人汇报情况，秘书钱嘉栋忙提醒说：“总理您坐下听吧。”周恩来摇摇头说：“我已不能坐了，一坐下恐怕

① 吕君刚：《毛泽东的道德思想和伟大人格》，陕西人民出版社1993年版，第379页。

就要睡着了。”

毛泽东曾对周恩来忘我工作精神给予高度赞誉：“周恩来是铁人，是世界上最忙的人。”周恩来常说：“要诚诚恳恳、老老实实为人民服务。”“应该像条牛一样努力奋斗，团结一致，为人民服务而死。”[①]他还对邓颖超和身边工作人员说，“我是总理，我每件事都要想到全国人民”[②]，“向人民负责，每句话，每个行动，每项政策，都要符合人民的利益”[③]。邓小平特别指出，周恩来是一生勤勤恳恳、任劳任怨的人。

党的宗旨是为人民服务，党的干部不是高踞于群众之上的贵族，而是人民的公仆。领导干部要对人民群众充满感情而不能高高在上、颐指气使，要牢固树立马克思主义群众观，始终坚持党的群众路线，时刻摆正自己和人民群众的位置，一切从最广大人民利益出发，情为民所系、权为民所用、利为民所谋，而不能为少数人及其集团或阶层牟取利益，这是党的先进性、科学性、纯洁性的基本标志。

在改革开放和市场经济发展的新形势下，中国共产党的根本性质和宗旨没有也决不能改变。紧紧地同广大人民群众站在一起，一切为了人民的利益，这是中国共产党考虑一切问题的根本出发点，也是党引领中国改革发展的根本出发点。舍此，就没有党执政的政治基础和群众基础，就不可能统一全党和全国人民的意志力量，党就不可能经受住历史考验。党执政70年来，尽管经历过这样那样的曲折，但全心全意为人民服务的根本宗旨始终没有动摇过，它一直是代代共产党人立言行事的出发点和落脚点。70年的实践证明，党的根基在人民，党的血脉在人民，党的力量在人民，党的成败也在人民。

在焦裕禄、孔繁森、廖俊波、王瑛等时代楷模身上，迸发出为党和人

---

① 熊华源、廖文心著：《周恩来总理生涯》，人民出版社1997年版，第574页。

②《周恩来百周年纪念——全国周恩来生平和思想研讨会论文集》（下），中央文献出版社1999年版，第1405页。

③ 同上，第1297页。

民的事业献身的激情。正是这种激情，使工作成为他们生命的全部，事业成为他们永远的追求，人民成为他们不变的忠诚。他们的事迹，谱写了忠实践行党的宗旨的瑰丽篇章。

有一个响亮的名字，在人民的心中传诵；有一座崇高的丰碑，在人民的心中矗立。2018 年 12 月 18 日，党中央授予时代楷模孔繁森“改革先锋”殊荣。孔繁森以自己的行动回答了“为谁服务”“怎样服务”这一最根本的问题。在对待个人与群体的关系时，他选择为广大人民群众谋利益，而不是为个人或小集团谋利益。孔繁森的一生经历和全部行为，都是他热爱人民、服务人民的公仆情怀的横向展开，都是他党性原则的具体体现。他把领导干部正确行使权力的过程等同于自觉地为人民服务的过程。为了寻找阿里的发展优势，孔繁森跑了全地区 92.5% 的乡，行程 8 万千米，在雪域高原留下了长长的足迹。

他始终做到公私分明，老乡用了单位的车，他代交车费；儿子随他下乡，他按时结算食宿费；哥哥找上门买木材，他回之以“破坏规定的事咱不能办”。

在孔繁森看来，藏族老人就像自己的父母一样，藏族同胞的疾苦无时不牵挂在他的心头。他不仅把全部精力用在了党的事业上，而且把个人的收入也几乎用于人民，将妻子省吃俭用节约下来做家庭“基本建设”的钱也用在了西藏的贫苦的老人和孩子身上。孔繁森热爱人民的感情如此强烈，达到了“每当看到藏族老人，就会想到自己的父母，每当看到藏族孩子，就仿佛看到自己的儿女”的境界。

作为一个地委书记，他是穿着带补丁的内衣离开这个他真心热爱的世界的。谁都难以想象，一个地委书记的家境是如此简陋：三间平房，一套旧沙发，两只过时的大立橱，唯一值钱的是一台旧彩电。孔繁森以身殉职后，人们在整理他的遗物时只发现 8.6 元钱和几个纸箱子。

有权不辱崇高使命，位高不泯公仆之心。领导干部是人民的公仆，人民是领导干部的“主人”，这个关系任何时候都不容颠倒。若是党员干部真正成为全心全意为人民服务的公仆，人民群众就会觉得自己是真正的“主人”。反之，倘若有的公仆不明确自己的职责而在一定条件下越位为“主人”，真正的“主人”无疑也要向它的对立面转化。领导干部要自觉加强公仆意识修养，摆正“主人”和公仆的位置，将人民放在心中最高位置。在任何时候，党员干部都要以人民的利益为重，时刻心系群众，将人民的利益高高举过头顶，始终将人民放在心中最高位置，而不能凌驾于群众之上，不能轻视群众、远离群众。如果不把人民群众当“主人”，不愿躬身做“仆人”，那就不配当一名党员干部。

《靠老百姓近些再近些》中指出：“当下令人厌恶的官僚主义还相当突出。有的干部年龄不大资历不长，却学会了扬着脑袋，拉着长腔，颐指气使，傲慢自负。用老百姓的话说，‘官儿不大，僚不小’，调研要人招待，讲话要人写稿，坐车要人开门，出差要人服侍，工作要找一大堆助手、秘书……时时显出一种与众不同，处处表现与老百姓有身份差别。”领导干部要克服和纠正“当老爷”的官僚做派，始终坚持党的根本宗旨和群众工作路线，同人民群众保持血肉联系，置于人民群众经常有效的监督之中。如果表面说是做人民的公仆，内心却想做人民的“老爷”，羡慕高高在上的感觉，甚至伤害群众利益，把“鱼水关系”异化为“油水关系”，让官民和谐演变成对立和冲突，就是最大的政德败坏。

要牢固树立群众观点、坚持党的群众路线，做到思想上尊重群众、感情上贴近群众、工作上依靠群众。党员干部唯有以公仆的姿态在人民中出现，以真正平等的态度对待群众，和群众打成一片，才能将“从群众中来，到群众中去”的科学领导方法和工作方法落到实处。老一辈无产阶级革命家谢觉哉曾说，新社会的“官”从民出，应与民通。他曾在日记里赋诗抒怀：“政情民隐应常通，咫尺间如隔一城。安得浮云都扫尽，长安虽远若门庭。”谢老这首诗既是自勉之言，同时也有告诫之意。他要求常通的“民隐”，就是群众的疾苦、情绪、要求、愿望以及批评、建议等。党员干部特别是领导干部干事创业、建功立业，必须站在人民的立场上，真心实意、心甘情愿地当公仆，经常了解群众的喜怒哀乐，爱群众所爱，恶群众所恶，顺应群众期待，倾听群众呼声；想问题、作决策、办事情都要想一想是不是有助于解决群众的难题，是不是有利于增进人民福祉，解决损害群众利益的突出问题，真正为人民群众掌好权、用好权，始终与人民群众同呼吸、共命运、心连心，不断增强人民群众获得感、幸福感、安全感。

2019 年 3 月 22 日，习近平在罗马会见意大利众议长并回答提问时谈道："我将无我，不负人民。我愿意做到一个'无我'的状态，为中国的发展奉献自己。"① 这些话语充分体现了一个名国领袖的满腔赤诚和宽广胸襟，展示了共产党人的公仆情怀和赤子之心。每个党员干部都应涵养"无我"情怀，追求"无我"境界，坚持人民的利益高于一切，群众诉求重于一切，经常问计于群众，以人民的意愿作为决策的参考和基础，从群众不满意的地方改起，从百姓期盼的事情做起，不断拉近与群众之间的距离，赢得人民群众的理解、信任和支持。

为人民谋幸福，就要亲民、爱民、敬民、为民，把智慧奉献于人民、力量根植于人民、情感融汇于人民，把解决民生问题放在一切工作的首位，尽心尽力地为群众出主意、想办法、谋利益。我们把群众放在心上，群众就会把我们放在心上；我们把群众当亲人，群众才会把我们当亲人。党员干部要与群众同点一盏灯、同坐一张桌、同吃一锅饭，自觉与群众打成一片。我们与人民群众荣辱与共、肝胆相照，真心感动群众，就是要和群众面对面，和群众心贴心，对群众实打实。

以服务群众为天职，用手中的权力为人民谋好利益，来不得半点虚假。如果党员干部将视野囿于一亩三分地，注意力全放在功名利禄上，精力全部花在计较个人利益得失上，怎能开创一个地区、一个单位的新局面？多办好事，多办实事，苦干实干，哪里群众的呼声最高涨就到哪里

①《习近平：我将无我，不负人民》，载新华网 2019 年 3 月 24 日。

去，哪里的问题最突出就到哪里去，哪里的困难最复杂就到哪里去。关心群众最现实的疾苦，心无旁骛地为人民的美好向往不懈奋斗，群众才会拥护你、追随你；不务实事、颐指气使、骄奢淫逸，群众就会反对你、疏远你。

全心全意为人民服务是党的根本宗旨，任何时候都要把人民利益放在第一位。坚持群众路线、密切联系群众，是保持党的先进性和纯洁性、巩固党的执政基础和执政地位的必然要求，是解决群众反映强烈的突出问题的必然要求。始终与人民心连心、同呼吸、共命运，始终依靠人民推动历史前进，才能做到坚如磐石，才能赢得人民群众的真心拥护和支持，才能凝聚起决胜全面建成小康社会、夺取新时代中国特色社会主义伟大胜利、实现中华民族伟大复兴的中国梦的磅礴力量。

居高不移公仆之心，权大不忘责任之重。今天，我们面临的困难挑战迫切需要增强公仆意识，恪守全心全意为人民服务的根本宗旨，胸怀强烈的政治责任感、历史使命感，以优良作风把人民紧紧凝聚在一起，尊重人民主体地位，尊重人民首创精神，拜人民为师，不断增强政治智慧、执政本领，积极投身伟大斗争、伟大工程、伟大事业、伟大梦想的火热实践，把人生理想融入国家富强、民族振兴、人民幸福的伟业之中。

用忠诚书写追梦华章

忠诚，在我国文化传统中具有很高的地位，常常被看作是最重要的道德规范。“忠、孝、仁、爱、义、和、平”称为“八德”。“忠”被称为“八德”之首。“忠”，《说文解字》释为：“敬也，从心，中声。”段玉裁注：“尽心曰忠。”

在《论语》中，孔子常在肯定意义上使用“尽心竭力”“诚”“敬”这些忠的基本含义。忠被当作一种普遍的伦理规范和道德要求，贯穿于处己、待人、为政的过程之中。

中国共产党为什么能？归其根本就是一代代共产党人对信仰的忠诚如一，凭着执着追梦，从困境、磨难、艰难走向胜利和辉煌。在战争年代，无数共产党人浴血奋战，视死如归。新中国成立以来，成千上万的英雄模范，哪一个不是一腔赤胆、无限忠诚？我们党除了工人阶级和最广大人民群众的利益，没有自己特殊的利益。“我将无我，不负人民”，把梦想融入为中国人民谋幸福、为中华民族谋复兴之中，把激情完全投入为人民的向往而奋斗中去。

忠诚这一品德、品格、品行，是一种高于云天的信念。朱德早年参加了反清革命的同盟会。朱德在滇军中由少尉排长干起，在讨袁和军阀混战中一直升至少将旅长，名震川滇，但是他对黩武争权深感厌倦，于是主动离开月收入大洋数以千计的滇军。

不久，朱德千里迢迢从北京赴上海，找到陈独秀，提出加入中国共产党："如果为了个人的享受，我就不会来找共产党了，我可以回到军阀部队中去，可以成就个人的功名利禄，但我正因为要抛弃这些，为国家和民族的利益而奋斗，所以，我才选择了共产党！"尽管这次朱德被拒之门外，但是他没有失望，以一颗忠诚之心跨出国门到德国柏林，找到了中共旅欧总支部负责人周恩来，最终才成为一名共产党员。

本根不摇，则枝叶茂荣。忠诚、信仰、信念是共产党人的根本、元气和主心骨。忠诚是一种发自内心的情感，服从内心的信仰与信念，总是尽心竭力为国家、为人民做好事。忠诚是惠及他人的一种大德。忠诚激发责任，体现敬业精神。"石可破也，而不可夺坚；丹可磨也，而不可夺赤。"忠于祖国，忠于人民，忠于事业，既是政治素养层面的要求，又是具体的实践要求。

我国第一代攻击型核潜艇和战略导弹核潜艇总设计师、中国工程院院士、中国船舶重工集团公司第719研究所名誉所长黄旭华，被誉为"中国核潜艇之父"。2018年3月，黄旭华院士获得"世界因你而美丽——2017—2018影响世界华人盛典终身成就奖"。

2017年11月17日，习近平总书记在人民大会堂会见参加全国精神文明建设表彰大会的600多位代表。当习近平总书记准备同代表们合影时，注意到站在第一排中间的一位满头银发的老人。总书记拉开前排的椅子，拉起老人的手，请他到自己身边就座。这位被总书记邀请坐在自己身边的老人就是黄旭华，时年91岁。

1954年，30岁的黄旭华在上海船舶工业管理局，参加苏联援华舰船的转让制造和仿制工作。在他的第一个30年，他不仅成长为一个拥有现代造船理论与技术的专业人才，而且实现了人生思想、理想与抱负的涅槃，成了一个铮铮的革命者，为铸造国之重器奠定了专业基础和思想基石。

"核潜艇，一万年也要搞出来！"1958年，面对苏联领导人"核潜艇技术复杂，价格昂贵，你们搞不了"的"劝告"，毛泽东同志不惧险阻，我国正式启动核潜艇研制。

同年，曾参与仿制苏式常规潜艇的黄旭华因其优秀的专业能力被调往北京，参加我国第一代核潜艇的论证与设计。领导告诉他：核潜艇研制是国家最高机密，要一辈子隐姓埋名，默默无闻。黄旭华毫不犹豫地选择留下。“一万年太久，只争朝夕。造不出核潜艇，我死不瞑目！”黄旭华回忆起当时的情景依然激情澎湃。

那些年，以黄旭华、彭士禄为代表的第一代技术领导者们殚精竭虑技术攻关，在辽宁一座荒芜凄苦、人迹罕至的小岛上忍饥受冻。为保守国家机密，他牢记初心，坚守组织要求，不透露工作单位、工作性质，一干就是近 30 年。30 年时间里，家人都不知道黄旭华在做什么，他的父亲直至去世都没有见到他，家中慈母从 63 岁盼到 93 岁才终于又见到了儿子。正是这样的无私奉献，他攻坚克难终于研制出核潜艇核心技术。从 1965 年到 1970 年，我国核潜艇研制在短短 5 年的时间里取得了成功，其中一些成果已经达到当时国际先进水平……终于，中国的核潜艇搞出来了！1970 年 12 月 26 日，中国的“蓝色巨鲸”下海试航，中国成为第五个拥有核潜艇的国家。黄旭华说：如果革命需要我一次把血流光，我可以一次流光自己的血；如果革命需要我一滴一滴地把血流光，我就一滴一滴地流光。

从感动中国 2013 年度十大人物颁奖词中，我们看到了黄旭华坚守的那份初心：“时代到处是惊涛骇浪，你埋下头，甘心做沉默的砥柱；一穷二白的年代，你挺起胸，成为国家最大的财富。你的人生，正如深海中的潜艇，无声，但有无穷的力量。”

对教育下一代，黄旭华有自己的心得，那就是让孩子们独立自主。从小到大，黄旭华对女儿们的成长并不过多干预，唯独一件事例外，他总是不厌其烦地对孩子说，一定要努力学习，一定要对祖国忠诚。大女儿黄燕妮也是一名国防科技工作者，前几年退休了。她曾说，“努力学习，对国忠诚”的家风对我们影响很大，父亲用一辈子的身体力行给我们树立了榜样，他是一个称职的好父亲。

忠诚，是根据自己崇高的目标献出全部精力乃至生命的一种心态和行为。忠诚，是一种政治伦理，更是一种政治立场、一种政治品格、一种坚定信念，始终如一地恪守信仰、职责和情操，绝不背叛自己的誓言。忠诚，是从政道德体系中最重要的原则和规范，是党性纯洁的重要标志，衡量党员干部人品的基本准则，彰显党政干部的从政道德。

2010 年 10 月 26 日，我国第二颗月球探测卫星“嫦娥二号”顺利进入距月面仅 15 千米的虹湾成像轨道，控制点在月球背面，大部分时间处于“盲控”状态，稍有偏差，卫星便无法进入目标轨道，甚至有撞月的风险。如何确保万无一失，对轨道控制组长刘勇来说，是个严峻的挑战。每一次轨道控制，都是一场惊心动魄的战斗，而真正的考验往往来自意外情况下的应急处置。刘勇和同事们估计了各种可能发生的情况，制定各种异常轨道下的控制策略。为第一次近月制动控制精心设计了 50 多种应急控制策略，确保在各种异常情况下也能控制卫星成功环月。

“嫦娥二号”发射前的一次联调中，刘勇发现某协作单位的计算方案中存在一个小误差。较真的刘勇连续三天三夜在电脑前工作，最终把误差缩减到最小，令“嫦娥二号”控制精度达到了万分之五。

在北京航天飞行控制中心，刘勇领受的第一个任务就是开发神舟飞船的姿态确定软件。当时，没有技术资料和实测数据可供参考借鉴，初出茅庐的刘勇也没有实践经验，一串串的陌生词汇让他不知所措。深夜的机房，节假日的办公室，处处可见他抱着技术资料苦苦“啃读”的身影。短短两年时间，他先后积累了几百万字的学习资料和几十万字的学习笔记。他抓住一切机会向老专家请教、向经验丰富的同事学习。那段日子，他的思维空间几乎全被数字和软件占据，每天的活动轨迹是“机房—宿舍”，两点一线。最后，他开发的软件经过专家组评审一致通过。

多年来，刘勇研究的飞船升力式再入返回控制技术和姿态确定技术，在历次“神舟”号飞船任务中发挥重要作用；他自主开发的航天器可视化任务分析系统，成为历次任务轨道控制的实用软件；他突破了姿态计算和视点控制关键技术，填补了北京中心姿态计算方面的空白；他开发的“姿态球”，为快速准确判断飞行器状态、实施任务决策提供了有力的依据。刘勇说：“能投身于航天事业，这是我一生的荣耀。”

从“嫦娥二号”任务准备到执行两年多，刘勇几乎放弃了所有的休息时间。早晨出门时，女儿还在睡梦中；晚上回家时，女儿已经熟睡了。有一次女儿生日，正忙于任务的刘勇特意提早回家，谁知女儿居然被许久不见的“陌生”爸爸吓哭了。

刘勇用行动诠释着一名共产党员的责任与担当，用智慧和汗水创造了出色的业绩，从一名大学毕业生成长为一名卓有建树的航天飞控专家，历经 7 次“神舟”任务和 2 次“嫦娥”任务磨砺。一些与刘勇合作过的研究机构多次伸出“橄榄枝”，开出不菲年薪，都被刘勇拒绝。

作为一名共产党员，对党忠诚、政治坚定是立身之本、为政之基。对党忠诚，就是要在党言党、在党忧党、在党为党、在党兴党，绝对忠于党、忠于祖国、忠于人民；涵养政治定力，练就政治慧眼，恪守政治规矩，坚决维护习近平总书记党中央的核心、全党的核心地位，坚决维护党中央权威和集中统一领导；不管面临什么艰难险阻，不管遇到什么大风大浪，都要时刻铭记自己是党的人，把相信组织、依靠组织、服从组织视为生命，对党始终胸怀唯一的、彻底的、无条件的、不掺任何杂质的、没有任何水分的绝对忠诚；要秉承中国共产党人敢于斗争、善于斗争的鲜明政治品格，面对大是大非敢于亮剑，面对各种矛盾敢于迎难而上，面对歪风邪气敢于斗争，面对危机敢于挺身而出，面对失误敢于承担责任，做新时代的疾风劲草、烈火真金。

忠诚是极度的真心与无上的诚意融合而产生的德行，是构成完美人格与成功人生所不可或缺的要素。忠诚、干净、担当，是对新时代好干部标准的高度概括和朴素表达。“天下至德，莫大于忠”，党员、干部务必做到对党和人民的绝对忠诚，坚守政治信仰，坚定政治立场，与党同心同德，把党性纯洁作为自觉政治追求，拧紧理想信念总开关，筑牢正德操守防火墙，树牢“四个意识”，坚定“四个自信”。信守忠诚，做一名“留取丹心照汗青”的忠诚干部，这不仅是个人品质问题，而且蕴含着经济价值和社会价值。

有的人把忠诚当成口号，却不能言行一致，这是因为他没有从内心中把握忠诚。“人无忠信，不可立于世。”一个失去了忠诚的人，就失去了人们对他最根本的信任。共产党人对党和人民的忠诚，是绝对的、纯粹的，是彻底的、无条件的、不掺杂任何杂质的，是实实在在的行动；这份忠诚不是抽象的名词，也不是空洞的口号，是将自己的奋斗目标与国家的事业和人民的利益结合起来，不忘初心，砥砺前行，勇担当，争作为，创一流。党员干部通过构筑稳固的政治信仰，使“伪忠诚”没有市场。同时，要建立监督机制，通过构筑监督主体多元化的立体监督体系，让“伪忠诚”无所遁形。

忠诚是一种操守，也是一种坚守。忠诚的人可以扛住压力，抵制诱惑。忠诚是共产党人坚强党性的牢固支点，是一种高于云天的信念，是一种不求回报的境界，会给人带来充实和快乐。在追梦的路上跋涉、拼搏，即使付出很多辛勤和汗水、遇到很多挫折和困难，也不能放弃对梦想的追求。团体会因你的忠诚而不同，事业会因你的忠诚而添彩。

复兴奋斗成功路

党的“初心”志存高远，具有崇高性、科学性和实践性的鲜明特征。实现共产主义与民族复兴的梦想，是中国共产党建党之时就确立的“初心”，这是依据近代以来历史发展、从中国现实国情出发、代表人民根本利益作出的必然的正确选择。在新时代，部分党员干部由于走得太快太远，以至于忘记了初心，忘记了为什么出发，甚至已经不知道自己是谁、为什么来，要到哪里去？只有永葆“初心”、认准来路、使命在肩，一路奔跑向前，才能不断创造梦想成真的新作为、新气象、新奇迹，推进中华民族复兴的圆梦事业。

艰苦奋斗是“不忘初心”的必然要求，是“继续前进”的现实选择。《说文解字》中这样解释“奋”，鸟张开并振动翅膀。奋斗，便要求拥有鸟对蓝天的渴望以及时刻挥动翅膀。长期以来，中华民族凭着艰苦奋斗、真抓实干的精神，顽强进取，百折不挠，屹立于世界民族之林。新中国的红色江山，是无数革命先辈一枪一弹、一城一池打下来的。社会主义的宏伟大厦，是全国各族人民撸起袖子干出来的、用智慧和汗水拼出来的。艰苦奋斗、真抓实干，是克服困难、战胜风险的精神动力，是全面建成小康社会的一面旗帜，是保持蓬勃朝气、昂扬锐气和一身正气的重要法宝；艰苦奋斗、真抓实干，是人的思想道德达到公而忘私、淡泊名利、吃苦在前、享乐在后的崇高境界。

95 岁的张富清是中国建设银行来凤支行离休干部，出生于陕西省汉中市洋县，1948 年参加中国人民解放军，在解放战争的枪林弹雨中九死一生，先后荣立一等功 3 次、二等功 1 次，被西北野战军记“特等功”，两次获得“战斗英雄”荣誉称号。

1955 年初，已是连职军官的张富清自愿申请转业到条件艰苦的来凤县工作。“这里苦，这里累，这里条件差，共产党员不来，哪个来啊！”带着一个共产党员的赤诚，怀着投身社会主义建设的憧憬，张富清来了。此后几十年，工作挑最苦最难的干，从不争名争利，为贫困山区奉献一生。60 多年来，张富清刻意尘封功绩，连儿女也不知情。2018 年底，在退役军人信息采集时，工作人员发现老人一张泛黄的“立功登记表”，才知道他是一位功勋卓著的战斗英雄。甘于几十年默默无闻坚守下去，“和我并肩作战的战士，献出了自己宝贵的生命”，“他们对党忠诚，为人民牺牲。和牺牲的战友相比，我有什么资格拿出立功证件去显摆自己呢”？

要全面建成小康社会、实现“两个一百年”的奋斗目标，就决不能躺在过去的功劳簿上，安于现状、坐享其成，必须继续实干苦干、奔跑追梦。我们正处在一个励精图治、奋发有为的崭新时代，一个改革攻坚、科学发展的关键时期。党的十九大报告指出：“全党一定要保持艰苦奋斗、戒骄戒躁的作风，以时不我待、只争朝夕的精神，奋力走好新时代的长征路。”①进入新时代，习近平同志在不同场合多次向全党全国人民发出奋斗动员令，“新时代是奋斗者的时代”，“幸福都是奋斗出来的”，“奋斗本身就是一种幸福。只有奋斗的人生才称得上幸福的人生”。一句句铿锵有力的话语，激发了亿万人民的奋斗豪情。新时代为每一个充满梦想的人提供了条件，也为每一个充满奋斗精神的人搭建起绚丽多姿的舞台。身处新时代，我们这代人理应担负起实现中华民族伟大复兴的历史重任，理应有大的作为。崇高的事业需要艰苦奋斗、真抓实干，艰苦奋斗支撑和推动崇

---

①习近平：《决胜全面建成小康社会　夺取新时代中国特色社会主义伟大胜利——在中国共产党第十九次全国代表大会上的报告》，人民出版社 2017 年版，第 69—70 页。

高事业的发展。建功新时代，要敢于有梦、勇于追梦、勤于圆梦，不忘初心、接续奋斗，永葆奋斗精神，用自己奋斗的汗水书写人生的辉煌，赢得幸福和荣光。

艰苦奋斗包括两层意思：艰苦，即艰难困苦；奋斗，即为了崇高目标而奋力拼搏。艰苦奋斗是一个问题的两个方面：艰苦是条件，奋斗是行动。艰苦奋斗不是一句口号，而是有着具体、丰富、科学的内涵。伴随时代的发展和历史的前进，艰苦奋斗的科学内涵和时代特征也在不断丰富和发展。艰苦奋斗重在奋斗，贵在进取，就其本质意义而言，是一种奋发向上、一往无前、勇于攀登的精神状态，一种刻苦钻研、开拓进取、坚韧不拔的意志品质。

艰苦奋斗是我们党共渡时艰的传家宝，是党的优良作风和政治优势。我们党是靠艰苦奋斗起家的，也是靠艰苦奋斗发展壮大的，它是我们党的政治优势。毛泽东在《论反对日本帝国主义的策略》中说："我们中华民族有同自己的敌人血战到底的气概，有在自力更生的基础上光复旧物的决心，有自立于世界民族之林的能力。"① 在革命战争的艰苦岁月，艰苦奋斗精神集中体现为"井冈山精神""长征精神"和"延安精神"。正是得益于这些伟大精神，我们党才能饱受磨难而不坠革命之志，渡尽劫波而愈来愈强，历尽艰险，始终展现出生生不息的蓬勃生命力，在白色恐怖中开辟了革命根据地，创造了二万五千里长征这个人类历史上的奇迹。

艰苦奋斗才有出路，自强不息方有前途。我们所推崇的艰苦奋斗，不是抑制人们正当的物质追求和精神享受，而是一种勤俭节约、艰苦朴素的优良品德，一种自力更生、不等不靠的自主精神。所谓艰苦奋斗，首先就是奋斗，就是要努力为社会多做点事情，多出点业绩。其次奋斗是艰辛、长期、曲折的，需要不计条件，不怕困难大。不断增强艰苦奋斗精神，提高自身实践能力，是一个长期的过程，是党员干部加强党性修养、弘扬良

①《毛泽东选集》第1卷，人民出版社1991年版，第161页。

好作风的一个重要方面。有志向，才能心怀远大、胸怀梦想；有奋斗，才能登高望远、行稳致远。

新中国成立初期，曾在鞍钢工作的王崇伦大胆进行技术革新，仅1953年就完成了以往四年多的工作量，被誉为“走在时间前面的人”。王崇伦是第一、第二、第三、第四、第五届全国人民代表大会代表，党的第十二届中央委员，曾任鞍山市总工会副主席、中华全国总工会副主席等职，多次被评为鞍山市、辽宁省劳动模范，先后14次受到毛泽东、周恩来、朱德等党和国家领导人的接见。

王崇伦，1927年出生于贫困农家。14岁时，王崇伦进入鞍山满洲神钢厂学刨工。一日，王崇伦躲在工具箱背后偷看技术要领，不巧被日本工头发现。凶残的日本工头随手抄起一把板锉，将王崇伦的右手挫得鲜血淋淋，也在王崇伦的心里留下了一道深深的伤疤。

1948年2月19日，鞍山解放。8月，王崇伦经亲属介绍进入鞍钢轧辊厂当刨工。时年22岁的王崇伦，亲身经历从旧社会到新社会翻天覆地的巨大变化，对新社会充满深情厚爱，对未来充满美好憧憬。他抱定了一条，今生今世就是要听共产党的话，跟共产党走，海枯石烂不变心。王崇伦在工作中忘我劳动，积极向上。

1952年，王崇伦所在的车间承担了为中国人民志愿军加工飞机刷油箱拉杆的特殊任务。为了提高生产效率，王崇伦巧妙地设计制造出利用刨床加工拉杆的特殊卡机，将工效提高了24倍，且全部产品达到一级，成为全厂有名的技术革新闯将。同年秋天，王崇伦光荣加入了中国共产党。

1953年，鞍钢的生产建设突飞猛进。就在这时，鞍钢矿山生产一线告急：大批凿岩机因缺少卡动器被迫停止作业。卡动器是凿岩机上最易磨损的零件，虽然体积较小，但制作工艺复杂，需要经过车、插、铣等12道工序，且精度要求很高，当时国内尚无厂家能够生产这一配件。王崇伦所在的工具车间又承担了为矿山建设生产凿岩机卡动器的任务。接到任务后，王崇伦一边翻看技术资料图片，一边在机器设备上摸索，产生了一个大胆构想：用刨床代替插床，制一个圆筒形的工具胎，把插床垂直切削转变成刨床的水平切削。半个月后，双颊凹陷的王崇伦把特殊工具胎的图纸送到车间领导桌上。这个工具胎外壳酷似一台小电动机，由40多个零件组成，工件可以固定在套子中360度旋转，任意选择加工角度。原来的插床一次只能加工一个工件，而工具胎可以成摞切削。大家对王崇伦的奇思妙想赞不绝口。

几天之后，一个长500毫米、直径200毫米的工具胎安装在王崇伦的刨床上。试车这天，数百人前来观看。当第一批工件加工完毕时，加工一个卡动器仅耗时45分钟，而且能够代替所需的40余种卡具，让在场人震惊不已。王崇伦创造的胎被命名为“万能工具胎”。此后，王崇伦又多次进行技术革新、改造，为鞍钢的生产和建设作出了突出贡献。在他的影响和带动下，鞍钢掀起了轰轰烈烈的技术革新热潮。

1959年初，王崇伦找到老英雄孟泰，将组织全鞍钢能工巧匠开展大规模技术协作活动的设想和盘托出。两位忘年交的劳动模范一拍即合。经过两人的精心筹划，年底，鞍钢拥有了一支以劳动模范、先进人物为骨干的技术协作队伍，人数达1500多人。

1959年，王崇伦出席全国“群英会”，再次被授予“全国先进生产者”称号。会议期间，他受到毛泽东、刘少奇、周恩来、朱德、邓小平等党和国家领导人的亲切接见。毛泽东称赞王崇伦是“青年的榜样”。

改革开放以来，许多有志者弘扬爱国敬业、艰苦奋斗的精神，迎接挑战、奋发图强，增强使命感，把个人理想融入民族复兴的伟大实践，创新发展、专注品质、敢闯敢试，追求卓越，勇立潮头。

中江国际毛里求斯分公司总经理、党支部书记赵晨曦，带领团队涉险前行，闯开一条异域之路，累计在非洲工作20多年，在20多个非洲国家从事过国际工程承包业务。峥嵘岁月的磨砺，练就了他坚毅的品格和过人的才干，他建成了一个个亮点工程，留下了一个个感人故事。

毛里求斯贝隆别墅群项目的销售对象是欧美富裕阶层，室内外装修是印度洋热带地区所特有的风格，国内装饰施工中从来没有涉及过。他查阅大量资料，虚心向当地手艺人请教，改进工艺，做出了印度洋热带风格的装饰效果。该项目赢得了2013年度世界地产大奖，成为毛里求斯岛一个标志性旅游建筑群。多年来，他率队承建的所有项目均获得大大小小不计其数的奖项。公司以骄人的业绩和良好的口碑，打破了欧美公司垄断毛里求斯岛建筑承包市场的格局，跻身于毛里求斯顶级建筑承包商行列。

2007年，赵晨曦开始担任中江建设分公司党支部书记，一上任就着手健全党组织生活。2014年，埃博拉疫情在几内亚爆发，而分公司正在实施几内亚酒店项目。当时，当地工人停工，中国工人队伍也是人心浮动。危急关头，赵晨曦紧急奔赴项目一线，召开党员大会，带领党员骨干冲锋在前，采取果断隔离措施，依靠中国专家医疗队获得卫生防疫支持，稳定了员工队伍。在确保员工绝对安全的前提下，保证了项目的顺利实施。在员工心目中，他是一位能干的“大老板”，是一个宽厚的“好兄长”，更是一个凝聚人心的“党代表”。

赵晨曦以舍小家、为大家的实际行动，影响和感召着部属和员工。他深知，单靠物质待遇只能留得住人，但难留住心，而精神和信仰的力量才是永恒的。他组织人员为员工讲述海外创业故事活动，邀请出访的省部级领导和驻外国大使为员工讲解“一带一路”政策，引导员工从“出国打工仔”“来非淘金客”的狭隘自我定位中走出来，以志在四海、报效祖国的豪情，肩负起国企员工的光荣使命，致力于在非洲大地上创造更多的中江奇迹。

在非洲打拼的20多年，赵晨曦从未休过一次完整假。每天一身汗，但浇不灭他只争朝夕的坚定信念。对家人，赵晨曦始终抱有中国人最朴素的情感，但他只能把这份爱深深埋在心里。为了弥补家人，每次回家他都抢着干家务。对独生女儿，他一直深感愧疚。女儿从小就患有重病，如今已是严重的终身残疾。有几次女儿在电话里跟他说想爸爸了，他心里一阵酸楚、暗自垂泪。他曾对女儿说过，爸爸退休后，一定好好照顾你；如果来生还做父女，爸爸将陪你慢慢长大，不再离开你……

既然选择了远方，便只顾风雨兼程。20多年的非洲路，赵晨曦这个“中国骆驼”，风里雨里高昂着头，大雪飞沙锻炼了他。他饱经了旅途的艰辛，以汗水和艰辛、毅力与才智书写建设华章。多少个不眠的夜晚，他运筹帷幄，辗转反侧，描绘蓝图；多少次朝霞映红蓝天，他带领团队在晨曦中再出发，架起事业之舟楫，荡起勤奋的双桨，向着新的目标远航……

艰苦奋斗、实干兴邦，闪耀着烨然的光芒，给我们以无穷的力量，激励我们顽强进取、百折不挠，战胜艰难险阻，走向胜利和辉煌。越是改革开放和发展社会主义市场经济，越要弘扬艰苦奋斗实干苦干的精神。

近些年来，一些党员干部随着从政时间延长、执政环境变化，渐渐忘记了初心，人生观、价值观发生了改变，淡忘了艰苦奋斗、实干苦干的作风，精神懈怠、不图进取、意志衰退、贪图享乐，甚至拜倒在金钱女色面前、漫步于歌台舞榭之上、沉湎于灯红酒绿之中。一些地方喜欢讲排场，追求“大气”，上桌的酒动辄几千上万元。这种奢华之风严重背离了我们党艰苦奋斗、勤俭节约的好作风，严重损害了党在群众中的好形象，应当赶快制止。如果再不行动起来，任其蔓延下去，必将丧失党员干部队伍的战斗力，加深群众的失望，动摇党的执政根基。

习近平同志在十八届中央纪委二次全会上强调，抓改进工作作风，各项工作都很重要，但最根本的是要坚持和发扬艰苦奋斗精神……要坚持勤俭办一切事业，坚决反对讲排场比阔气，坚决抵制享乐主义和奢靡之风；要大力弘扬中华民族勤俭节约的优良传统，大力宣传节约光荣、浪费可耻的思想，努力使厉行节约、反对浪费在全社会蔚然成风。

艰苦奋斗能使人励精图治，造就出事业的强者。“人的杂念和私心，在艰苦奋斗中滤尽；人的痼癖和惰性，在艰苦奋斗中消遁；人的智慧和情感，在艰苦奋斗中萌发；人的理想和追求，在艰苦奋斗中升腾。”只有经历艰苦奋斗，灵魂才能得到净化，才能做人、做事、做官、成业。

永葆艰苦奋斗、真抓实干的优良作风，是我们追求梦想、取得辉煌胜利的重要原因，也是我们加强思想道德修养的应有之义。作为党员干部，应经常反省自己的行为是否勤俭节约，是否践行了中华民族艰苦奋斗、实干苦干的精神和美德，经常自我提醒，决不让思想滑向庸俗、低俗，决不在吃喝、玩乐、钱财、美色上随波逐流、盲目攀比。只有牢固树立艰苦奋斗、勤俭办事业的思想，才能为实现伟大的梦想而奋然前行。

中篇

带着梦想再出发

DAIZHE MENGXIANG ZAICHUFA

用奋斗托起梦想

每个人的人生之路各有不同，然而有一个共同点——不可能总是春风得意马蹄疾。万事如意、一帆风顺不过是美好的祝福。矢志进取、不懈奋斗，是人生必不可少的品质。挫折和磨炼是宝，使人在摸爬滚打中锻炼意志、义无反顾，在挫折中激发出新的力量，把逆境化为磨刀石，在“山重水复”中看到“柳暗花明”。挫折和磨炼是钢，能使人愈挫愈勇，取得跨越性的成功，谱写奋飞之歌。许多事实都说明，取得成功不仅在于智商较高、才能出众，更重要的是始终有坚韧不拔、刚毅奋进的意志品质。

新中国成立前夕，毛泽东在党的七届二中全会上强调指出，“因为胜利，党内的骄傲情绪，以功臣自居的情绪，停顿起来不求进步的情绪，贪图享乐不愿再过艰苦生活的情绪，可能生长”[①]“可能有这样一些共产党人，他们是不曾被拿枪的敌人征服过的，他们在这些敌人面前不愧英雄的称号；但是经不起人们用糖衣裹着的炮弹的攻击，他们在糖弹面前要打败仗”[②]。如何预防与消除这些情况呢？毛泽东号召全党“务必使同志们继续地保持谦虚、谨慎、不骄不躁的作风，务必使同志们继续地保持艰苦奋斗的作风”[③]。

毛泽东曾说：“要勤俭建国，反对铺张浪费，提倡艰苦朴素、同甘共

①②《毛泽东选集》第 4 卷，人民出版社 1991 年版，第 1438 页。

③ 同上，第 1438—1439 页。

苦。同志们提出，厂长、校长可以住棚子，我看这个法子好，特别是在困难的时候。我们长征路上过草地，根本没有房子，就那么睡，朱总司令走了40天草地，也是那么睡，都过来了。我们的部队，没有粮食，就吃树皮、树叶。同人民有福共享，有祸同当，这是我们过去干过的，为什么现在不能干呢？只要我们这样干了，就不会脱离群众。”①

在新中国成立之前，多难的鞍钢遭受了日本帝国主义毁灭性的破坏，又遭受蒋匪军七次破坏和抢劫，厂区变成一片废墟，高炉炉体及动力机械设备几乎被洗劫一空。一位日本人曾扬言“鞍钢的修复，需要美国的设备、日本的技术，你们外援无路，内力空虚，看来，鞍钢这片厂区只能种高粱”。

然而，以孟泰为代表的鞍钢人没有屈服，在党的领导和全国人民的支援下，铲除了一人高的野草，赶走了矿洞里成群的野兽，在废墟上重建鞍钢，在短短的时间里，矿山重新腾升起爆破的硝烟，平炉重新流淌出金色的钢水。1953年底，鞍钢“三大工程”竣工投产，毛主席写信祝贺。在重建鞍钢的岁月中，人们不会忘记，当工地上缺乏器材时，第一个跑遍十里厂区回收零件，建立“孟泰仓库”，送来“及时雨”的，是孟泰；数九隆冬，第一个跳进冰坑打捞铁阀门、弯头管的，是孟泰；1950年，高炉铁口两次爆炸，第一个登上危险地带探察事故原因的，是孟泰；当飞机狂轰滥炸到鸭绿江边的危险关头，第一个手提管钳不顾个人安危奔向高炉，誓与高炉共存亡的，也是孟泰。

孟泰的钻研精神同样有名。“孟泰工作法”就是他多年来在高炉工作实践中摸索出来的一套工作规律及操作技术。“一五”计划开始后，孟泰先后进行了60多次重大技术革新，此外还组织和带领了一大批劳动模范、技术专家与能工巧匠，开展了大规模的技术革新、技术协作和技术攻关活动，在改造和建设鞍钢过程中发挥了重要作用。

---

①《毛泽东著作专题摘编》（下），中央文献出版社2003年版，第2135页。

在鞍钢炼铁厂担任副厂长的8年中，孟泰每年都为工人排忧解难，办几十件好事，被工人们称为“身不离劳动、心不离群众的干部”。1958年的一天，孟泰到配矿槽了解生产情况，发现由于上道工序厂家运送来的烧结矿热量未散导致车间高温难耐，这个岗位的工人整天都汗水淋漓。他立即召集能工巧匠现场研究降温方案，并亲手画出安装冷却水管线的草图。经过一番苦战，冷却系统运转起来了，“老大难”的问题得到了彻底解决。

1960年初，苏联政府停止对我国供应大型轧辊，致使鞍钢面临着停产的危机。孟泰、王崇伦迅速动员和组织了500多名技协积极分子，开展了从炼铁、炼钢到铸钢的一条龙厂际协作联台技术攻关，先后解决了十几项技术难题，终于成功制造出大型轧辊。此项重大技术攻关的告捷，在当时的全国冶金战线轰动一时，被誉为“鞍钢谱写的一曲自力更生的凯歌”。

孟泰设计制造成功的双层循环水系统使冷却热风炉燃烧筒的寿命提高了100倍；试制成功的瓦斯灰防尘罩，既减少了环境污染，又提高了企业的经济效益；倡导的更换高炉风口、铁口速度的技术攻关，提高了工作效率，铁厂生产再次刷新历史纪录。1960年5月18日，孟泰由副技师破格晋升为工程师。

孟泰是新中国钢铁工业恢复建设时期具有划时代意义的先进模范人物，是新中国诞生后的第一代全国劳动模范，是20世纪五六十年代与铁人王进喜齐名的产业工人英模的优秀代表，被誉为“老英雄孟泰”。孟泰还是中华全国总工会第七次、第八次全国代表大会执行委员，第一、第二、第三届全国人民代表大会代表，曾多次受到毛泽东主席的接见。他的崇高精神风貌、优秀思想品德、平凡而伟大的业绩，堪称中国工人阶级的光辉典范、时代的楷模。“艰苦奋斗、爱厂如家、为国分忧、无私奉献”的孟泰影响了一代又一代鞍钢人，为鞍钢的发展和建设注入了强大的精神动力。

“沉舟侧畔千帆过，病树前头万木春。”70个寒来暑往，70年花开花落，以孟泰为代表的鞍钢人，把忠诚播向神奇的热土，把追求写进火红的年代，把汗水融进钢铁的洪波巨澜，用血与火、智慧和汗水，创造出许多的物质财富和宝贵的精神资产。

在改革开放环境下，艰苦奋斗更多的含义是一种精神上的追求，涵盖了顽强拼搏、百折不挠、自强不息、埋头苦干、勤勤恳恳、勤俭节约、常怀忧患、居安思危的情操。虽然历史条件变了，物质条件好了，生活水平提高了，但我们仍然需要艰苦奋斗的精神。

倪润峰，四川长虹电子集团有限公司原党委书记、董事局主席，第十五届中央候补委员，第十届全国政协常委。他顺应时代潮流，勇于尝试与探索，科学地把军用技术、工艺、检测及质量控制手段移植到民用产品研发生产上，实现单一的军品生产到军民品结合的战略转移，带领长虹率先探索出企业“军转民”道路，将长虹从一个普通军工企业打造成价值百亿的中国“彩电大王”，为中国彩电业走向世界奠定了良好基础。他荣获“全国劳动模范”等称号，享受国务院政府特殊津贴。在2018年庆祝改革开放40周年大会上，倪润峰作为企业“军转民”实践的创新者，荣获“改革先锋”称号。

1985年，倪润峰任国营长虹机器厂（国营780厂）厂长，一路敢拼敢干，带领长虹一步步成长为享誉全国的“彩电大王”。倪润峰“不唯书、不唯上、只唯实”，带领长虹打破陈规，率先推行干部聘期制、契约化管理制，率先打破国企固定用工制，推动股份制改革……他力排众议，从日本松下引进了最新一代彩电生产线，为日后的“彩电大王”奠定了基础。从黑白电视到彩色电视，从卧式到立式遥控，从球面显像管到平面直角、超平、纯平，从小屏幕到大屏幕……业内一度公认：“长虹的动向、彩电的方向”。倪润峰的格局和谋略，让长虹一次次抓住了彩电行业的发展机遇。

在改革开放浪潮中，倪润峰是中国家电业首举大旗率众击败洋品牌的“第一人”。20世纪90年代中期，国内彩电企业已具备一定实力，但在与国际品牌的竞争中始终处于下风。1994年，四川长虹在上海证券交易所上市。上市以后，企业经济效益连年上升，产品、产量、利税连续5年在全国同行业中位居第一。1995年，倪润峰率先提出“以产业报国、民族昌盛为己任”的企业使命，振臂高呼“振兴民族工业”，其余国产彩电品牌也纷纷效仿，举起民族品牌大旗。到1996年底，在国内彩电市场上，长虹等国产品牌已经占到了70%以上的市场份额。倪润峰也由此被媒体公认是扛鼎中国民族产业崛起和领导中国家电品牌“雄起”的奋斗者。长虹公司原总经理、现川投集团总经理刘体斌撰文回忆他与倪润峰共事的30年光阴。在他看来，时势造英雄、英雄推时势，倪润峰就是改革开放大潮中走出的一位“改革闯将”。

勤奋敬业是企业家的精神底色。作为一名优秀的企业家，倪润峰的勤奋敬业广为人知。20世纪90年代，倪润峰先后因腰椎间盘突出、股骨头缺血性坏死动过两次大手术，但他依然瘸着病腿奔波在市场一线、巡视在生产车间，让无数顾客动容、让广大员工感动。有媒体钦佩地感叹：“中国彩电业的快速发展之路，是倪润峰拖着病腿带头闯出来的！”利在当代、功在未来，75岁的倪润峰依然信心满满。倪润峰回忆起荣获“改革先锋”称号的那一刻，依然激动不已，“这份殊荣来之不易，不管是我个人，还是长虹，都要感谢这个伟大的时代”。

伟大梦想不是等得来、喊得来的，而是拼出来、干出来的。中华民族是一个具有顽强斗争精神的伟大民族。饱经风霜的中华民族凭着艰苦奋斗、苦干实干的精神走向辉煌，屹立于世界民族之林。伟大奋斗精神是长期历练形成的，是由一个个鲜明具体的“坐标”组成的，进而形成一个可以长久滋养后人的价值谱系。党员干部要不忘初心、牢记使命，不断用这种奋斗精神增添动力、激发活力，锐意进取，逢山开路、遇水架桥，在共和国各个领域续写追梦不息、奋斗不止的历史新篇章。

幸福真谛缘于奋斗

自“康乾盛世”之后，清王朝失了原有的进取心，不思革新，不再艰苦奋斗，逐步走向衰弱，最后在辛亥革命中分崩离析。过分优裕的生活往往会使人缺乏进取心、缺少克服困难的意志力。相反，艰苦奋斗则可以起到磨炼意志、陶冶情操的作用，增强人的责任感、进取心。

中国共产党的历史就是一部奋斗史。我们党是靠奋斗起家的，也是靠奋斗发展壮大的。从第一个百年到第二个百年，尽管时代条件、历史任务和具体内容不一样，但中华民族伟大复兴的主题和中国人民的矢志奋斗始终贯穿其中。圆成第一个百年梦为实现第二个百年梦创造了前提，实现第二个百年梦是第一个百年梦的升华。半个多世纪的沧桑巨变，我们走过了外国人几百年才能走完的路，给中国带来了前所未有的巨大变化，创造了中华民族发展史上最辉煌的业绩，谱写了 5000 年来最为辉煌的奋斗史诗。70 年来，幅员辽阔的共和国，涌现出许多奋斗模范，成为一面面火红的旗帜，引导和激励人们继续披荆斩棘向前进。

在庆祝中国共产党成立 95 周年大会上，习近平同志指出：“60 多年的实践证明，我们党在这场历史性考试中取得了优异成绩。同时，这场考试还没有结束，还在继续。今天，我们党团结带领人民所做的一切工作，就是这场考试的继续。”[①] 总书记告诫全党，我们党肩负的使命光荣而

①《习近平在庆祝中国共产党成立 95 周年大会上的讲话》，载《人民日报》2016 年 7 月 2 日。

艰巨，在前进的路上，仍然任重而道远，仍然需要继续奋斗。保持奋发有为、不懈奋斗的精神状态，是我们党在艰苦复杂的环境中取得伟大成就的宝贵经验，更是保持长期执政必须具备的素质。

追求幸福是人的本能，幸福是“人类共有的精神家园，是人类奋斗的核心”。幸福的真谛就在于奋斗，“世界上最快乐的事情，莫过于为理想而奋斗。”进入新时代，虽然生活条件好了，但我们不应该把幸福美好简单地理解为安逸、享受，真正的幸福不在于感官上的刺激、物欲上的满足，而是追求更高层次的情感、更有意义的生活方式、更有价值的人生取向。真正的幸福美好是一种积极肯定的生活状态、一种奋发向上的存在状态，而奋斗本身就是这样一种状态。

每次听到“大国工匠”这个称呼，王南石总不好意思地摆摆手：“我不过是靠着责任心把点点滴滴的工作做好罢了，算不上什么‘大国工匠’。我们航天人都有这种情怀，希望做有价值的人。”精益求精，本身就是工匠精神的体现。王南石在工作中从不放过任何细节，不惜一切代价只为做出品质最好的产品，一旦有问题横在面前，他便吃不下饭、睡不着觉，30多年来没出现过一点失误。公司8点上班，他总是7点就到单位，总是第一个将试验台启动运转。有一次，一个重要试验产品在生产过程中出现了问题，技术人员一时解决不了，正在家中做饭的王南石当即扔下锅铲赶到现场，领着工人分析故障原因，保证了试验任务的按时完成。

做个能解决问题的技术工人，是王南石的追求。“上班早、下班晚，早已是他的常态。一点点不到位都可能导致产品出现质量问题，师傅说只要涉及工作就得死磕到底”，王南石的徒弟盛宏亮说。“不能只求及格，而是要求一个最精细、最好的尺寸。”敬业、专注、严谨，日复一日、年复一年，王南石在生产一线精心装配、检测、调试，参与或主导完成了30余项技术攻关，撰写了10余篇技术论文。他的小本子上，密密麻麻记录着这些年的工作心得和技术经验。每当遇到技术问题，他便记在小本子上，然后查阅书籍资料、与设计工艺人员沟通，多方寻求解决办法。

王南石传道授业，带领技师团队完成攻关课题累计20余项，培养出特级技师1名，高级技师2名，技师16名，开展“技师讲堂”30余次，“岗位练兵”40余次，培训伺服机构装配工200人次，提出以“理论＋操作＋基础管理”的培养模式，有力促进了技能人才队伍建设。王南石首席技师工作站有20多个“集智攻关”项目和技术创新成果，解决了制约生产的瓶颈，这些项目成果运用到企业生产中去并固化，实现了价值的最大化。王南石曾荣获中华技能大奖、全国技术能手、江苏省五一劳动奖章，享受国务院颁发的政府特殊津贴。

“我所从事的是一份国家利益高于一切的工作，从事这样的工作，使我有了更多的使命感和责任感。”王南石说。当我们把工作当成事业来做的时候，我们自身潜在的力量就会充分激发出来，我们的聪明才智就会充分调动起来，我们的能力和水平就会充分展示出来，在此过程中，我们自己也随着企业的发展，完成了自我价值的实现。王南石身上，集中体现了信念坚定、勇于担当奉献的品质，以及严守纪律、严慎细实的航天工作作风。工作30多年，最让王南石不能割舍的是生产一线。他曾经被提升到技术管理岗位成为一名干部，后来领导征求意见，他又回到车间指导提高生产技术。“只要组织需要，我服从安排。”他说。工作37年来，他没有休过一次完整的年假。

建设中国特色社会主义事业，实现中华民族的伟大复兴，是一个艰苦的历史过程，需要代代中华儿女前赴后继的努力，尤其需要艰苦奋斗的精神。尽管形势和条件发生了变化，但艰苦奋斗的好传统不能丢。越是改革开放和发展社会主义市场经济，越要发扬艰苦奋斗的精神。如果我们丢掉了艰苦奋斗的本色，奢侈浪费，贪图享受，那就势必会损害党的声誉和威望，动摇党的执政地位。

1997年，刚满23岁的王红杰怀着对航空事业的无限热爱和憧憬，进入新航134厂工作，在铣工的岗位上一干就是21年。航空工业铣工首席技能专家、航空工业技术能手、河南省政府特殊津贴、全国五一劳动奖章等荣誉，见证了王红杰的奋斗路。

注重创新，嗜之越笃，技巧越工。在承担某型发动机、某型运输机、C919、神舟飞船系列等十多个机种、型号的零件加工任务中，他的很多创新成果都是国内首创，处于行业领先地位。如某型发动机配套的主燃滑油散热器，体积大且极不规则，设计人员虽然对产品设计进行了更改，但如何进行加工却成了“拦路虎”。王红杰不断摸索尝试新方法、新路径，在经过数十天持之以恒地尝试之后，终于取得成功。王红杰每年累计完成该产品 100 余套，保证了总装的顺利进行和全厂任务的按时交付。

王红杰说：“‘全国五一劳动奖章’这个荣誉既让我感到无比光荣又深感责任重大。天下难事，必作于易；天下大事，必作于细。一生只做一件事，把一件事做到极致，这就是我工作的意义。我将继续立足岗位，开拓创新、精益求精，为建设新时代航空强国奋斗终生。”

2010 年，21 岁的王丰丽从丰满电校毕业，以劳务派遣方式来到新能源辽宁分公司。入职第一年，某次考试考了倒数第一。中专毕业加上倒数第一的标签，让他十分担心被别人看不起。于是，他开始从最基础的部分学起，渐渐地，也能跟老员工一起讨论缺陷、分析故障了，钻研技术的热情越来越高。

2015 年，王丰丽被提任为彰北风电场检修一班班长。刚开始，组里同事和他争论，有时争得面红耳赤，他主动找对方交流、谈心，慢慢工作上配合得默契了。

2017 年 4 月 1 日，特殊而难忘，人资部通知集团公司批复了王丰丽的转正申请，他很激动，只能一个劲儿地说“谢谢”。2017 年，正赶上风电场与外委单位交接，同时分公司要求在 9 月 30 日前完成 134 台风电机组的年度定检工作，场长把人员分工、车辆安排及后勤保障任务交给了王丰丽。为了能顺利完成定检任务，他每天都加班到凌晨。每天早上，他第一个起床，烧水、泡面，保证组员既能吃上一口热面，还不耽误上风机的时间。最终在 9 月 30 日之前，王丰丽等人安全保质地完成了风机定检的任务。王丰丽深有体会地说；“这段经历与磨炼，让我学会了为人处世、学会了管理，更学会了迎难而上。”员工们体会他辛勤工作的真诚、热情和不易，欣赏他的高远境界和朴素美德。

共产党的哲学就是奋斗哲学、追梦哲学。提倡艰苦奋斗，目的是要党员干部永葆革命战争年代的革命精神、革命干劲，与人民群众同甘共苦，努力实现社会主义现代化。我们用奋斗、创造谱写走向复兴的光辉历史，我们用坚韧、顽强铸就共产党人的刚强品格。党员干部要自觉反省自己的言行，经常考虑自己的消费行为是否积极健康，是否勤俭节约，是否淡忘了吃苦精神，是否不愿吃苦、不想吃苦、思安逸、图享乐、求快活。经常自我提醒，不断激励自己，在工作中不怕困难和挫折，不惧风险与挑战，顽强拼搏，呕心沥血，勇于吃苦，攻坚克难，追求卓越。

做奋飞的领头雁

古往今来，许多有志者既有凌云志向，又有惊人毅力，从不懈怠，顽强拼搏，总是不忘初心、不改初衷，坚持走好每一段路程，因而创造出了卓越业绩。只有不断拼搏才能看到希望；只有不断奋进，才能赢得成功。相信没有比脚更长的路，没有比人更高的山。这种连续拼搏、追逐梦想的毅力，比高智商、高情商更为重要。

历史总是眷顾奋进者。目标不会自动抵达，奔跑才有远方。周文王、周武王、周公旦等人若不是精心策划、励精图治、连续奋进，怎么会战胜强大无比的商纣王？刘邦和他的助手们若不是运筹帷幄、坚韧不拔、百折不回，怎么能战胜拔山盖世的楚霸王？古今中外担大任、成大事的人，不唯有超世之才干，亦必有不移之意志。人的一生有谁不遭遇艰难和挫折呢？只有面对艰难和失败奋发进取、奋斗不止的人，才能成为时代的弄潮儿。

“故天将降大任于斯人也，必先苦其心志，劳其筋骨，饿其体肤，空乏其身，行拂乱其所为，所以动心忍性，曾益其所不能。”孟子的这段话，最能概括磨炼意志品质的内蕴，生动地回答了钢铁是怎样炼成的。艰苦奋斗是一个人立功创业的无形资本，比实际的财力更为重要。凡历史上取得成就的人，无不经过艰苦的磨炼。

习近平十五岁就到农村插队，经历了无数的磨难和挫折。他回忆说：“常言说，刀在石上磨，人在难中练。艰难困苦能够磨炼一个人的意志。

七年上山下乡的艰苦生活对我的锻炼很大，后来遇到什么困难，就想起那个时候，在那样困难条件下还可以干事，现在干嘛不干？你再难都没有难到那个程度。这个对人的作用很大。一个人要有一股气，遇到任何事情都有挑战的勇气，什么事都不信邪，就能处变不惊、知难而进。”① 主政以来的卓越政绩与他早年锤炼而成的意志品质离不开。

历史不会像东西长安街那么“笔直”，也从未有过现成的“一马平川”。人们总是希望翻过一座山梁，便是沃野万里，实际上却常常是峰峰相连，一眼望不到边。要到达目的地，就得进行更艰难的跋涉，正如宋代诗人杨万里所言：“莫言下岭便无难，赚得行人错喜欢。正入万山圈子里，一山放出一山拦。”做事情、干事业也常常是这样，需要经历一系列的“山”，它不像城市大街那样笔直，常常遇到“山叠嶂，水纵横”，而且愈到后来愈要经受严峻考验，因而比“开头”付出的努力更多些。

北宋王安石与人游褒禅山洞，“入之愈深，其进愈难”。一个懈怠的人说“火把快烧尽了，回去吧”，他便也往回走。其实，“力尚足以入，火尚足以明”，只是由于缺乏毅力而中途而废。后来，他感叹地说：“夫夷以近，则游者众；险以远，则至者少……而人之所罕至焉，故非有志者不能至也。”现实生活中，“虎头蛇尾”的原因大抵如此吧。

“中国人民自古就明白，世界上没有坐享其成的好事，要幸福就要奋斗。伟大奋斗精神深深根植于博大精深的中华文明，勃发于火热的社会实践，升华凝结于中国人民日新月异的创新创造，是中华民族立于世界民族之林、引领时代潮流、实现民族复兴的强大精神支撑……奋斗是立党立国之基。”②

“邯钢经验”的创造者刘汉章，在改革开放之初抓住机遇大刀阔斧地进行邯钢领导体制改革和劳动人事分配制度改革。20 世纪 90 年代，他将

① 《习近平自述：永远是黄土地的儿子》，载人民网 2015 年 2 月 14 日。

② 双传学：《大力弘扬伟大奋斗精神》，载《人民日报》2018 年 11 月 29 日。

市场机制引入企业内部经营管理，抓住成本管理的“牛鼻子”，创立推行“模拟市场核算、实行成本否决”经营机制，实现跨越式发展，邯钢成为继大庆之后在全国推广的第二个工业学习典型。刘汉章被人们誉为“扭亏能手”。荣获“全国劳动模范”“改革先锋”等殊荣。

刘汉章身材魁梧，双眼炯炯，不怒自威，充满力量，典型的企业家风范。“邯钢于1965年7月16号出第一炉钢，结束了邯郸‘有铁无钢’的历史。那时只有3吨空气侧吹转炉，两个炉座，一个月产钢200多吨。那时刘汉章当炼钢车间主任。他成天一身工作服和工人在一起干，经常连续两三个班不休息。”

刘汉章于1984年任邯钢总厂厂长，两年后就使邯钢跃身为河北省“利税四大家”，上缴利税过亿。谁都知道控制成本，刘汉章的管理特色却是不留死角。他规定，厂里不论是谁，没（成本控制）指标就没奖金，把成本指标分解成10多万个小指标，层层堵漏洞，厂里的司机、厨师都给自己制定了成本控制指标，于是节约“一滴油、一粒米、一度电”蔚然成风。谁都懂得技术改造，刘汉章搞技改绝不“贪大求洋”、盲目引进。他规定，坚持经济适用的原则，技改中能用国产的就不用进口的，能引进软件的绝不引进硬件。于是邯钢的生产线出现土洋结合，竟然运行得不错，他们用“废铁”的价格引进了国外的生产线。

刘汉章认为，当领导一定起有表率作用。如果我一边当着这个企业的老总，一边又在做自己的生意，我能硬起来吗？如果企业有好房子你先住上了，别人却连房子也没有，职工必然会骂你“别卖狗皮膏药了”。刘汉章坚持讲奉献不讲索取，被人们称为“清教徒式的企业家”。他使职工的收入和住房条件大幅度提高，但自己只拿国家发给的工资，绝不伸手多要利益。他对亲属要求很严，几个孩子全部在邯郸做普通的工作，凭自己的本事吃饭。

刘汉章执掌邯钢“帅印”18年，其间为我国国有企业改革进行了有效的探索。1989年，他创造性地在邯钢推行“一体两翼[①]承包”。“六五”计划期间，他领导邯钢走“量力而行，梯度发展，滚动前进”之路，被冶金部誉为“我国地方钢铁企业的发展之路”。1991年，刘汉章首创“模拟市场核算，实行成本否决”的经营机制和管理体制，运用分配手段形成激励和约束机制，使邯钢成为国有企业的一面旗帜。邯钢为国有企业较快形成适应社会主义市场经济要求的经营机制，建立起具有中国特色的现代企业制度，提高国有企业的经营管理水平和经济效益树立了榜样。

邯钢的崛起引起了党中央、国务院的高度重视。1996年，国务院号召全国学习邯钢经验，并在邯钢召开了现场会。“邯钢经验”在全国掀起了一场企业管理模式革命，先后有2万余家企事业单位到邯钢学习取经，被誉为我国“工业战线上的一面红旗”。自1997年之后，在刘汉章的带领下，邯钢向许多国有亏损企业传经送宝，以实施兼并、派专家咨询组及安排亏损企业领导到邯钢挂职锻炼等多种形式帮助河南舞阳钢厂、贵州水钢、河北宣钢等企业摆脱困境。

习近平同志在一次讲话中谈道：“彩虹往往出现在风雨之后。有句话说得好，没有比人更高的山，没有比脚更长的路。再高的山、再长的路，只要我们锲而不舍前进，就有达到目的的那一天。”[②]古往今来，凡是立大事者，必有锲而不舍、坚忍不拔之毅力。这种毅力是人生中最宝贵的东西，比天资聪明、卓越才干更为重要。勾践、重耳、苏秦、曾国藩、哥伦布、保尔·柯察金、爱迪生、艾柯卡……他们的经历都说明，不经过风雨的洗礼，难见亮丽的彩虹；缺乏艰难和挫折的考验，难有辉煌人生。

世界上最美丽的桂冠，是用荆棘编织而成的。《菜根谭》有个精彩的开场白：“欲做精金美玉的人品，定从烈火中锻来；思立掀天揭地的事功，须向薄冰上履过。”要想达到金玉般纯洁的品德，必定在艰难困苦中

① “一体”指以经济责任制为主体，“两翼”指科技效益和管理效益。

②《深化改革开放　共创美好亚太——习近平在亚太经合组织工商领导人峰会上的演讲》，载《人民日报》2013年10月8日。

锻炼；要想建立惊天动地的伟业，必须经过危险万分的磨炼。“奋进者强、懈怠者衰的道理一再证明：如何当好时代的奋进者是走向民族复兴的必答题。”[①] 坚强的奋进者必定经过生活的千锤百炼，只有屡败屡战方能峰回路转，他们毅然决然摒弃抑郁与沉沦，努力战胜艰难险阻。

李东生，TCL 集团股份有限公司党委书记、董事长。他主导 TCL 开展重大跨国并购，开创了中国企业国际化经营的先河，在全球设有 28 个研发机构和 22 个制造基地，产品行销 160 个国家和地区，年营业收入超千亿元；在他的带领下，TCL 的彩电销售量连续多年位居全国和全球前列，创下了我国第一台按键免提电话、第一代大屏幕彩电等多个第一；他带领团队完全依靠自主创新、自主团队、自主建设建成高世代面板线，实现我国视像行业显示技术的历史性突破，中国继日韩之后成为掌握自主研制高端显示科技的国家。2018 年 12 月 18 日，党中央、国务院授予他“改革先锋”称号，并颁授改革先锋奖章，评价他是“电子产业打开国际市场的开拓者”。

1977 年，李东生仅复习了 3 个月，便一举考上华南理工大学的无线电专业，成为恢复高考后的第一批大学生。大学 4 年，李东生把实验室的 10 多套无线电设备摸了个遍，梦里都是“模拟电路”“电波频段”。

1982 年 7 月，李东生被分配到惠州科委当干部。9 月全国开放 13 家合资公司，惠阳是其中之一。粤港合资成立 TTK 家电公司，主要生产卡式磁带。李东生当即给科委领导打报告，申请调到 TTK 公司。领导爱才，“无线电专业的大学生，对口！”当场同意放人。就这样，李东生成了 TTK 公司的第 43 号员工。短短 4 年内，年仅 29 岁的他，便升为公司总经理。后来，TTK 公司从磁带生产，转向生产电话机，名称也变为 TCL。

搞产品李东升是内行，搞销售还是有点嫩，第一个月 10 多个人只卖出去 9 部电话，人均一部都不到。李东生很郁闷，他找到 TTK 的老厂长

① 赵渊杰：《当好新时代的奋进者》，载《人民日报》2017 年 12 月 7 日。

诉苦。临别之时，老厂长在李东升手心里写了两个字“网络”。李东生马上在销售网络上发力，“商场首月开展活动打 9 折”“购买电话赠送配套设备”。同时每到一个城市，马上联系当地五六家大的经销商，“先试用再付钱”，引起市场轰动，年销售超过 500 万台。

1993 年，TCL 改组为集团公司，已有业务全部并入 TCL，李东生为 TCL 集团总经理。1994 年，李东生扛着 71 厘米的王牌大彩电参加全国家电产品交易会。“什么？ TCL 王牌售价才 3500 元？！”开展当天就涌过来 500 家经销商，展销会成了李东生的独角戏，3 天的订货额就高达 2 亿元。当年 TCL 营收接近 10 亿元。

在李东生永不言弃的背后，支持着他的是一股报国的信念。他说：“其实在若干年前，在经济上我已经自由了，我不需要赚更多的钱，但是我的理想是把企业做成一个全球化的成功的中国企业，这一个目标要实现还有很长的路要走，也许我这一代人都做不到，还要有下一代人接着努力，但是这个信念是能够支持我走得远，走得更坚定。”

1996 年底，李东生成为 TCL 集团总裁。他趁热打铁，大举进军国际市场。3 年间，TCL 成立美国公司，创立技术研发中心，收购北京开思软件，兼并香港陆式彩电。到 20 世纪 90 年代末，TCL 占我国彩电市场的三分之一。

2008 年，国内普及液晶彩电，但液晶彩电的核心元器件——“液晶面板”技术掌握在外国人手中，“一台彩电卖出去，有 80% 要付给别人”。李东生试图与人合作，但没有人愿意干。后来，李东生听说深圳市政府要组建液晶面板项目，他立马携 220 亿元巨资投资华星光电。一年后的 2009 年，李东生建成了 200 人的液晶技术团队。2010 年，华星光电提前实现满产，“月产 10 万片基板，良品率高达 95%”。TCL 凭此成为国内唯一拥有从模组、芯片到整机一体化的全产业链企业。2011 年，TCL 集团的营业收入突破 700 亿元。2014 年，TCL 集团的年收入首次突破千亿元规模，其中 47% 的收入来自海外。2016 年，TCL 彩电销售突破 2000 万台，成为国内行业龙头，挤进全球前三。

李东生平静地说，“我们赶上一个时代，我 39 岁便当上 TCL 集团总经理。平常很少听到别人的批评，如果你没有反思的习惯，你会不停地犯错误。因为很少人批评你，你要反思做过的事，哪些对、哪些不对。反思错误，你要在团队面前说，鼓励大家说出不同意见，不用看老板脸色。反思习惯也是慢慢培养的。”

37 年来，李东生坚守实业报国梦，拒绝过仕途从政的机会，放弃了房地产赚快钱之路，把惠州一家小企业打造为全球知名的电子集团，引领 TCL 跨越风雨坎坷，坚守实业、自主创新和全球化发展。历时 10 年先后投资近 2000 亿元，使我国此前饱受困扰的“缺芯少屏”之痛得以解决。李东生表示，“改革先锋”称号是荣誉更是鞭策，顺势者昌，革新者强，唯坚韧实干者赢！他希望在国家实现第二个百年目标的过程中，仍能参与和见证这一过程，并为国家的强大、民族的复兴做出新贡献。

意志品质是一个人的心理素质，同时也是一种品格。意志品质是蕴藏于心、执着于信仰的力量，义无反顾地向着既定目标前行。成功历来不会在昏睡者身上出现。蒲松龄言：“有志者，事竟成，破釜沉舟，百二秦关终属楚；苦心人，天不负，卧薪尝胆，三千越甲可吞吴。”俾斯麦言：“对于意志坚忍而永不屈服的人，没有所谓的失败。”只有抱定不达目的不罢休的宗旨，自强自奋，努力拼搏，坚韧不拔，才能创下一番事业。

砥砺意志，自强不息，须在“恒”字上下功夫。少小须经磨砺，老来才能不畏风霜。屈原被逐而赋《离骚》，左丘明失明而写《左传》，苏秦引锥刺股而佩六国相印，韩信忍胯下之辱而统兵百万。卓越的人生彰显于执着追求之中。法国作家雨果曾言：“坚强与卓绝的性格是这样培育上来的：艰难往往是后娘又是慈母，困苦能孕育灵魂和力量；祸患是豪杰的乳汁；灾难是傲骨的妈妈。”

当好新时代的追梦人，就要不忘初心、牢记使命，找准前进方向，鼓足奋进动力。党的十八大以来，以习近平同志为核心的党中央励精图治，勇当历史的奋进者，把人民对美好生活的向往作为奋斗目标，团结带领人民全面深化改革，攻克许多难题，办成许多大事，推动党和国家事业发生历史性变革、取得了历史性成就。

在新时代的征途上，若想轻轻松松、敲锣打鼓能实现目标，绝无可能。“立志于中华民族千秋伟业的中国共产党，百年恰是风华正茂。伟大斗争磨炼意志，伟大工程强筋健骨，伟大事业催人奋进，伟大梦想激荡神州。”[①] 拼搏奋进很艰辛，拼搏奋进有乐趣，拼搏奋进最光荣！无论环境如何难窘，前途如何险阻，无论遇到什么磨难，不坠人生之志，不忘初心，不改初衷，始终保有恒心，在艰苦中拼搏，于逆境中奋起，百折不回，自强不息，咬牙坚持得久一些，就一定能到达成功的彼岸，捧回成功的金杯。

① 何民捷：《历史永远眷顾奋进者》，载《人民日报》2018 年 1 月 3 日。

辉煌源于奋斗和坚守

奋斗者是精神最为富足的人，也是最懂得幸福、最享受幸福的人。青年马克思认为：“在选择职业时，我们应该遵循的主要指针是人类的幸福和我们自身的完美。”[①] 在马克思看来，那些为大多数人带来幸福的人是最幸福的人。2018 年是马克思诞辰 200 周年。5 月 5 日，马克思故乡德国特里尔市迎来一份来自中国的礼物：一尊总高 5.5 米的马克思雕像。就在前一天，万里之外的人民大会堂，中国共产党人隆重召开纪念大会，向这位“千年第一思想家”致以崇高的敬意。马克思播下的真理，为实现中华民族伟大复兴提供了行动指南。

1848 年，马克思流亡伦敦，投入了巨著《资本论》的写作。为了读书和研究，他在大英博物馆一待就是一整天，常常是从早上 9 点一直到晚上 7 点。由于脚与水泥地板的长年累月的摩擦，他的座位下面竟留下了一块特殊的印痕，被人们称作“马克思的足迹”。马克思风趣地说：“我们在努力争取八小时工作制，可是我们自己却常常一昼夜做超过两倍于八小时的工作。”[②]

为写作《资本论》，马克思细致阅读、深度研究了 1500 多种书籍。1850 年 9 月到 1853 年 8 月间，他做了厚厚的 14 本摘录和 22 本笔记。100 多年来，马克思所从事的伟大事业在全世界开花结果。

---

①《马克思恩格斯全集》第 1 卷，人民出版社 1995 年版，第 459 页。

② 海因里希·格姆科夫等著：《马克思传》，人民出版社 2000 年版，第 231 页。

奋斗通往远方，信仰指引方向。我们党除了人民群众的利益没有自身的特殊利益，这就决定了党员干部必须始终把人民幸福作为终身奋斗目标，树立正确的幸福观，把实现个人价值、追求个人幸福和实现社会价值、追求人民幸福统一起来。

“世界上没有坐享其成的好事，要幸福就要奋斗”，这是中国人民最质朴的“奋斗哲学”。共产党人从来都有坚强的意志品质，是“特殊材料制成的”，从来都不懈奋斗追求崇高理想。一代代共产党人与人民一道，凭着艰苦奋斗、真抓实干的精神，顽强进取，百折不挠，战胜艰难险阻，从积贫积弱走向伟大复兴。

2018 年 2 月 14 日，习近平同志在春节团拜会上指出：“今天，我还要说，奋斗本身就是一种幸福。只有奋斗的人生才称得上幸福的人生。”① 回看党中央、国务院表彰过的倪润峰、步鑫生、李东生、刘汉章、吴荣南、包起帆等“改革先锋”，可以得出一个清晰的结论：伟大梦想不是等得来、喊得来的，而是拼出来、干出来、闯出来的。不懈奋斗，是卓越者最闪亮的精神标识。正是有了每一代人奋斗的旋律，才有了雄浑的命运交响、澎湃的时代潮音。

能吃苦、肯吃苦、艰苦奋斗，是我们党和人民共度时艰的传家宝。我们党是靠艰苦奋斗起家的，也是靠艰苦奋斗发展壮大的。不畏艰苦、矢志奋斗才有出路，自强不息、坚韧不拔才有前途。不忘初衷，再振雄风，奋斗者最光荣。“功成不必在我，功成必定有我”，一张蓝图绘到底。

金百刚，中国科技专家库科技界专家，鞍钢电磁冶金技术领军人，鞍钢股份鲅鱼圈钢铁分公司炼钢部教授级高级工程师。2008 年博士毕业后，金百刚怀揣建设家乡的强烈梦想来到鞍钢，主动申请进入炼钢生产一线，一干就是十年，他以百折不挠的创新精神在炼钢领域取得多项重要科技成果，以他名字命名的金百刚劳模创新工作室自 2015 年成立以来承接重大

①《习近平：在 2018 年春节团拜会上的讲话》，载新华社 2018 年 2 月 14 日。

课题攻关项目 52 项，获得各类科技成果 60 多项，让鞍钢的桥梁钢成为闻名中外的主打品牌，他用青春和汗水谱写了拼搏进取的人生篇章。金百刚对“工匠”二字有着自己的感悟，顶天立地为“工”，利器入门为“匠”。工匠精神意味着：精于工，对产品精益求精；匠于心，要耐得住寂寞；品于行，能抵挡繁华的诱惑。

组委会给他的颁奖词是：“书生意气，驰骋电磁冶金领域，善解难题。风华正茂，挥斥国际国内舞台，专家称道。展所学，联实际，拼搏而立业，进取而扬名；出成果，创效益，博观而约取，厚积而薄发。”

在常人看来，博士毕业后应该坐在实验室，苦、脏、累、险的工作环境跟博士不搭边。每当有人问起金百刚为啥当了博士还要在现场摸爬滚打时，他总是会笑着说：“我的岗位在一线。”进入鞍钢博士后工作站后，他主动申请调至鞍钢股份鲅鱼圈分公司炼钢部的生产一线，负责板坯连铸机复合电磁冶金装置的开工调试工作。“复合电磁冶金”项目是鞍钢集团首批重大科技创新项目的重要子项目。金百刚带领团队，经过 8 个月的日夜调试攻关，完成了“鞍钢板坯连铸机电磁搅拌工艺和装置项目”开发，不仅改进了电磁搅拌装置在生产中的多项关键性瓶颈缺陷，使设备使用周期提高了 3 倍，还提出了 3 种电磁搅拌器的布置方式和 5 种电磁搅拌模式，填补了国内在此方面研究的空白。最终设计出的新型 F4 布置方式推广应用后，比外方厂家原设计的搅拌强度高 40%，品种钢合格率提高 0.6%。

金百刚认为先进的设备可以引进，但关键技术却是买不来的，必须靠自己的力量研究出一套新工艺。为此，他扎根现场，不断总结经验，同时，他还潜心研究外方的设计资料，从硬件装备改造和开发软件程序两方面入手，终于研发出国内首个具有自主知识产权的“连铸结晶器电磁制动动态控制新工艺”。该项技术解决了电磁制动应用方面的多项关键性瓶颈问题。

10 年来，金百刚兑现了自己的诺言，实现了鞍钢在电磁冶金领域从追随者到领跑者的转变，外方设备厂家多次提出将鞍钢的电磁冶金技术应用作为该设备的世界样板案例进行推广。2014 年 12 月全国“冶金青年创新创意大赛”中，金百刚开发的电磁冶金技术得到业内专家的一致认可，授予他全国“冶金青年创新创意大赛”特等奖。经过 10 年的艰苦努力，他获得国家专利授权 23 项，企业论证专有技术 41 项，发表论文 40 篇，获得中国专利优秀奖、辽宁省科技进步奖、辽宁省自然科学奖等各类奖励 40 余项。

艰苦奋斗能使人励精图治，造就出事业的强者，是从“憧憬世界”到“改变世界”的基本路径。靠拼搏、靠实干成就伟大梦想，就要有一股韧劲、拼劲、闯劲、干劲，就要有一种越挫越勇、越险越进的精神追求。奋进者的常态，远不只是泛着涟漪的池水，会有涌动的暗流、潜在的礁石。正是这些，才构成了完整而丰富的人生。也正是在崎岖道路上的砥砺前行，才能不断成长。人的杂念和私心在奋斗中滤尽，人的智慧和情感在奋斗中迸发，人的理想和追求在奋斗中实现。只有经历艰苦奋斗，灵魂才能得到净化，才能做成事，才能走向卓越。

她娴静端庄、待人谦和，热情如火、执着求索，扎根深山峡谷 28 年，用追求和奉献践行初心和使命。她就是漫湾电厂运维部电气二次专工肖瑞怀，荣获“云南省五一劳动奖章”“全国三八红旗手”“全国电力行业技术能手”“华能集团劳动模范”等荣誉。

1989 年 7 月，肖瑞怀怀揣着“光明万家”的梦想走进漫湾电厂，从事电气二次检修和维护工作。宿舍里，常见她钻研图纸；检修中，总有她紧盯现场不放松；休假时，又见她抱着专业书自学理论。在付出数倍精力和心血后，肖瑞怀练就了一身过硬的本领，成为漫湾电厂二次专业带头人，荣获“全国电力行业技术能手”荣誉称号，并作为国家高级技能人才被国资委选派出国培训考察，实现了从技术新手到行家里手的完美蜕变。

电厂 1 号机组筒阀自投产以来，经常出现卡阻或失步故障。对此，肖瑞怀带着徒弟，翻图纸、查资料、核数据，对程序进行修改，彻底解决了筒阀卡阻“顽疾”，打破了国外厂家控制程序的技术垄断，为同类型故障的诊断和处理提供了技术支持。

默默守护，只为不负重托。和肖瑞怀同期从事一线生产的女职工有40余人，如今仍在生产一线的仅剩3人。有人说肖瑞怀傻，常年远离霓虹与繁华，选择与机组轰鸣为伴，可她说："我对生产、对所管辖的设备有着深深的情感，如果哪一天要离开它们，我真的会舍不得。"在繁忙工作之余，肖瑞怀最大的乐趣就是培养年轻人。多年来，肖瑞怀培养出20多名徒弟，个个都是电厂的技术骨干。

2008年4月，正值机组检修繁忙时期，远在县城的父亲患风湿性心脏病，病情加重。为保证设备改造按期完成，肖瑞怀忍住牵挂，直到检修结束才匆匆赶回家，此时老人已经病逝。对于儿子，肖瑞怀也是愧疚万分。儿子4岁起，就托付给年迈的姥爷照看，从小学到高中再到大学，肖瑞怀没能像其他母亲一样照料孩子的衣、食、住、行，为孩子排忧解难。

有人问肖瑞怀，工作这么多年，贡献和荣誉也那么多，为什么不再往上走走？她说，每个人都有自己的想法，这个岗位最适合我。正是这朴实平淡的心境，让肖瑞怀坚守岗位28年而无悔。

"时代是出卷人，我们是答卷人，人民是阅卷人。"从党的十九大到二十大，是"两个一百年"奋斗目标的历史交汇期，中国特色社会主义建设要从第一个百年迈向第二个百年。我们决不能因为取得的胜利而骄傲，决不能因为已有的成就而懈怠，决不能因为眼前的困难而退缩。实现中国梦任重而道远，需要锲而不舍、驰而不息的艰苦奋斗。只有每个人都为美好梦想而奋斗，才能汇聚起实现中华民族伟大复兴的磅礴力量。正如《走向复兴》的歌词："我们迎着初升的太阳，走在崭新的道路上。我们是优秀的中华儿女，谱写时代的新篇章。我们迎着风雨向前方，万众一心挽起臂膀，我们要把亲爱的祖国，变得更加美丽富强。"

永葆艰苦奋斗精神，是我们取得辉煌胜利的重要原因，也是我们加强党性修养、弘扬良好作风的应有之义。有奋斗才有幸福，奋斗的人生才有不同寻常的意义。

新时代要有新气象，更要有新作为。曾经遥不可及的梦想，正在我们的艰苦奋斗中一步步实现。两个一百年目标，已是望得见桅杆的航船，是已看得见的喷薄欲出的红日。我们比历史上任何时期都更接近中华民族伟大复兴的目标。有志向、有抱负的共产党人，一定能够不辱使命，勤奋进取，苦干实干，求真务实，“只顾攀登莫问高”，把自身价值和人生光彩展现在中华民族的伟大复兴之中，仰无愧于前辈，俯不负于后人！

追梦安有息肩日

《诗经》言：“靡不有初，鲜克有终。”人们多有善始，却少有善终，能坚持到底很不容易。经过种种努力，在接近成功的时候，人们往往容易滋生懈怠、骄傲情绪，有些人在离成功还有一步之遥时，面对失败与困难气馁了，停止了脚步，结果功亏一篑，功败垂成，令人惋惜。

“行百里者半九十”，出自西汉刘向所著的《战国策·秦策》，大意是对于准备走一百里路的人来说，走了九十里才算是走了一半，暗示做事越接近成功越困难，而越是此时越要坚持，方能获得最后的成功。习近平同志在十九大报告中引用这句古语，意在告诫全党距离实现中华民族伟大复兴越近越不能懈怠、越要加倍努力。

我们奔跑追梦之旅，犹如登山。人处山脚，气力很充足，身手敏捷；达于山腰，气力有大减，行动迟缓；近于山顶，气力似殆尽，步履艰辛。可见，离山顶越近，越需要重振气力，越需要精神支撑，才能不辱神圣使命。老子言“慎终如始”，庄子言“善始善终”，都强调始终如一。“执着者，世界都为你让路。”在现实生活中，有许多为梦想奋斗的人，面对艰难险阻、山穷水尽，他们执着地拼搏、持恒坚守、不屈不挠，破除“末路之难”，最后迎来了柳暗花明。

李雪勤是一位阅历丰富、不怕困难、不怕挫折、不怕压力、不怕失败、不怕挑战，有着铁一样的意志品质的共产党人。他曾就职于中央纪委、中央办公厅、中央巡视组，参加了党的十六大、十七大、十八大党代会报告的起草和党章的修改工作，现为中国纪检监察学院客座教授，北京大学政府管理学院 MPA 特聘导师，著有《民主与改革》《中国拒绝腐败》《中国共产党纪律检查工作 60 年》《怎样起草文稿》等多部著作。

据《通往北大的高考之路》记载，李雪勤的高考之路是曲折的，艰难得甚至有些传奇。1970 年底初中毕业之后，李雪勤就在老家浙江省富阳县常安公社大田大队务农，1973 年入党。1977 年下半年，他正当着生产队队长，听说要恢复高考了，于是就报了名。由于每天要去分工派活挣工分，加上思想上也不够重视，就没有认真地复习。1977 年的 12 月，李雪勤第一次到富阳县场口中学参加高考，虽然过了初试，但复试落榜了。

1978 年，李雪勤第二次参加高考，这一次他考了 274.5 分，距离浙江省的录取分数线差 5.5 分，再次落榜。虽然再次失利了，但他对考大学的信心更足了。他毅然辞去生产队队长职务，抱病到场口中学报名参加文科复习班，一边复习，一边悄悄吃药治疗。1979 年高考开始了，他的成绩是 373 分，比浙江省的录取分数线高出 73 分。李雪勤终于考上了梦寐以求的大学。李雪勤坚韧不拔，屡败屡战，最终圆了自己的大学梦，走上了通往北京大学的路，走上了自己心仪的工作岗位。

成就一番事业，脚踏实地、锲而不舍的人方能实现梦想。无论遇到什么困难和挫折，都不改初衷，始终有恒心，在逆境里拼搏，于绝处中奋起。只有在困难面前不退缩、压力面前不屈服、诱惑面前不动摇，才能实现最初的梦想。由此观之，世间需要梦想家，更需要为了实现梦想而执着追求的人。梦想从来都不是奢侈品，也不仅仅是空中的彩虹。如果你为实现梦想而执着地付诸行动、求真务实、脚踏实地，梦想就是手中蕴含希望的种子。

马克思的女儿劳拉曾问父亲：“您认为男人的最好品德是什么？”马克思回答：“意志坚强。”越是艰苦的环境，越能考验人、磨炼人。艰难困苦，玉汝于成。托尔斯泰说：“人需要在碱水、血水、清水中泡三次才能完美。”李大钊说：“凡事都要脚踏实地去做，不驰于空想，不骛于虚事，而唯以求真的态度做踏实的工夫。以此态度求学，则真理可明，以此态度做事，则功业可成。”

步鑫生，浙江省原海盐衬衫总厂厂长、党支部副书记，海盐县原二轻总公司副经理。改革开放初期，他解放思想，大胆在海盐衬衫总厂进行企业改革，创品牌、闯路子，努力搞活经营；严格内部管理，打破“大锅饭”“铁饭碗”；创新企业文化，激发职工主人翁责任感。在改革推动下，海盐衬衫总厂面貌焕然一新，一举成为海盐县第一个产值超千万元的企业。他敢闯敢干、勇于实践，成为“大胆改革、努力创新”的典型，媒体赞美他“剪开企业改革帷幕”，他用过的裁布剪刀被收入国家博物馆。步鑫生荣获“浙江省先进生产（工作）者”称号。2018 年 12 月 18 日，党中央、国务院授予步鑫生“改革先锋”称号，评价他为“城市集体企业改革的先行者”。

谈起 20 世纪七八十年代，步鑫生哈哈一笑，镜片后的小眼睛神采奕奕。“我给大家讲怎么打破大锅饭。我说改革不能靠红头文件，有利于国家、企业，有利于调动职工积极性，我们当厂长的就要打破，不破不立！厂长们说：‘哦，要这么干。’”

步鑫生接手海盐衬衫总厂时，企业濒临破产，年产的四五十万件衬衣有近一半堆在仓库里，老工人的退休金也无处可支。步鑫生以敢为人先的精神，打破“大锅饭”，进行全面改革，实行“联产计酬制”、狠抓质量、开订货会、打造品牌、引进先进设备等，企业利润快速增长。退休工人的退休金也有着落了。海盐衬衫总厂从一开始的 60 多名职工，到 1983 年增长到 600 多人，两年后达到 1000 多人，企业利润每年以 50% 幅度增长。

1983 年 4 月 26 日，《浙江日报》刊登了《企业家的歌》，用整版篇幅介绍了步鑫生大胆创新、坚持改革的事迹。半年后，《人民日报》登载了新华社发表的《一个有独创精神的厂长——步鑫生》。一时间，步鑫生成了名动全国的改革先锋，各地掀起学习步鑫生改革创新精神的热潮，推动了全国城市经济体制改革。1984 年，浙江省委联合调查组在农历腊月进驻海盐，最后得出的结论是，步鑫生虽然有缺陷，但是改革的事情并没有错。随后，中央指示全国推广步鑫生的精神。1984 年，短短两个月，全国各地到海盐衬衫总厂参观人数达 2 万多人。

当时让西装厂上马，步鑫生承认有点头脑发热。“领导 1983 年要我上西装项目，我说好吧，弄个年产量六七万套。结果打报告到省里，领导说，你是典型，要搞就搞个全国最大的，年产量 30 万套。”

1985 年，海盐衬衫总厂年产 30 万套西装项目上马，6000 平方米的西装大楼也开建，这对固定资产只有 50 万元的衬衫厂，根本无力承受。步鑫生甚至表示，西装大楼开建后，企业就已经负资产了。1986 年，媒体关于海盐衬衫厂的报道中出现了这样的句子，“生产流水线停产，下水道、厕所堵塞，生产萧条，人心涣散，走掉了近一半职工”。1987 年，调查组再次进驻海盐县。1988 年的 1 月 5 日，海盐衬衫总厂资不抵债，步鑫生被浙江省政府免去职务。

他在这里名扬全国，也曾在这里“败走麦城”。海盐衬衫总厂陷入困局，步鑫生黯然离开海盐，决心去亏损企业再试身手。1989 年，他在北京承包一家亏损服装厂，创办了“金宝路”衬衣品牌，更新设备、培训员工、开拓市场。1990 年，“金宝路”衬衣在北京市场销量居第一。后来，步鑫生又应邀到盘锦，接手亏损状态中的辽宁盘锦服装厂，他扔下两句话：“不出效益不回家，不创牌子不回家。”区政府每月付 1000 元高薪，他拒不接受，只要求 200 元的生活费。步鑫生上任厂长后，短短一年就创出 50 万元的巨额利润。1994 年，他应邀到秦皇岛创办步鑫生制衣公司并任总裁，依然打品牌，“步先生”衬衫成为畅销产品。一年多时间，公司资产翻了两倍。他总是憋着一股劲，说：“好企业请我，我不去，亏损企业我才去，我要体现人生价值！”

2010 年，海盐衬衫总厂旧址处竖起一块纪念碑，碑文写道：“步鑫生解放思想、大胆改革、努力创新的精神，引领了时代的步伐。”2013 年 8 月，位于海盐的步鑫生改革精神陈列馆成为“嘉兴市党史教育基地”。作为改革先行者，步鑫生曾留下许多“金句”，广为流传：“不改革就没有出路”，“你砸我的牌子，我砸你的饭碗”，“靠牌子吃饭可以传代，靠关系吃饭要倒台”，这些当年石破天惊的话语如今依然针针见血。步鑫生不止一次对朋友说：“树高千丈，落叶归根。我想回家了。”2014 年 6 月 8 日，步鑫生回到阔别 26 年的海盐定居，将多年收藏的字画、印石、信件捐给了当地政府。

人活着不要只是“过一生”，而是要用梦想引领一生。有的人之所以一生都没有什么成就，一是因为他们认识不够，这些人思想守旧，没干先说不行，抱着“不可能成功”的念头去做事，其能力和潜力的发挥受到限制；二是缺乏坚持不懈的精神，虎头蛇尾、有始无终，做事马虎、凑合、拖拉，草草了事；三是遇到风雨、暗流、浮礁，就打退堂鼓，缺少战胜艰难险阻的勇气、办法和智慧；四是对目标容易产生疑虑，常处于犹豫不决之中，时而信心较足，时而又消极低落。

有一个猎人在高山之巅的鹰巢里发现了一只嗷嗷待哺的幼鹰，带回家中，养在鸡笼里。这只幼鹰跟着鸡一起啄食、嬉闹和休息，它以为自己是一只鸡。这只鹰渐渐长大，羽翼丰满了，就是飞不起来。猎人把这只小鹰带到山顶上，扔下悬崖。小鹰在急速坠落的过程中，拼命地扑打翅膀，竟然飞了起来。鹰的天性与潜能被激活了。

每个人都有梦想，我们应该相信自己的梦想能够成功，奔跑着追梦，“有了蓝天的呼唤，就别让奋飞的翅膀在安逸中退化；有了大海的呼唤，就别让拼搏的勇气在风浪前却步；有了远方的呼唤，就别让远行的信念在苦闷中消沉”。如果停下奔跑的脚步，那么，再小的梦想也不可能实现。

爱迪生为发明电灯泡，光是选做灯丝的材料就经历了千余次的失败实验，每一次的失败都为他最终的成功奠定了基础。不怕困难，不怕失败，在困难和失败的洗礼中让生命熠熠闪光，在困难和失败的考验中深度检验人生价值，在困难和失败的更迭中孕育奋斗的成功。要把中国梦蓝图变为现实，还有很长的路要走，前进道路上面临着复杂的困难和问题，需要我们坚持不懈。距离实现中华民族伟大复兴的目标越近，越不能懈怠、越要加倍努力。

爱默生说：“伟大高贵的人物最明显的标志，就是他们坚定的信念，不管环境变化到何种地步，他们的初衷与希望，仍然不会有丝毫的改变，而且终将克服障碍，以达到所企望的目的。”一次挫折，绝不意味着永远失败。跌倒了躺在地上，不再爬起来，绝不会有任何机会。红军过雪山的时候，凡是在途中说“我撑不下去了，让我躺下来喘口气”的人，很快就会死亡，因为当他不再走、不再动时，体温就会迅速降低，很快就会被冻死。在人生的战场上又何尝不是如此。办法总比困难多，要把逆境转化为有利于自身发展的顺境。

挫折和磨难是钢，让人愈挫愈勇，在“山重水复”中看到“柳暗花明”。成功者与失败者的明显区别是：前者在一次又一次的挫折面前，总是提醒自己：“我不是失败了，而是还没有成功。”而后者把一次挫折当作彻底的失败，从此灰心丧气、日益消沉、一蹶不振。自古以来，凡是成就一番事业的追梦者，并不是因为拥有多么超常的能量，也不是因为得到了上天的垂青，而是因为他们能够正视自己、征服自己，始终以奋斗者的姿态、坚强的意志品质与艰难困苦抗争，屡败屡战，百折不回，从而取得跨越性的成功，谱写难忘的奋飞之歌！

逐梦圆梦伴一生

开启美好人生的第一件事，就是要有梦想，给自己定一个目标、一个方向，“志当存高远”。心怀梦想、奋力追梦，用智慧和汗水拼搏，才能凝聚同心筑梦的力量。任何伟大的事业，都始于梦想、成于实干。

《菜根谭》中有云：“文章做到极处，无有他奇，只是恰好；人品做到极处，无有他异，只是本然。”文章写到最美妙的境界，并没有什么特别奇妙之处，只是表达得恰到好处；品德修炼到最高尚的境界，没有什么特别的地方，只是表现自己最善良的初心。要达到这种崇高境界，需要不断地修养、历练。

青年毛泽东在长沙求学期间，读了《世界英雄豪杰传》之后，就给自己起了“子任”的笔名，决心以救国救民作为自己的责任。他特别钦佩历史上的杰出人物，盼望中国也能有类似华盛顿、拿破仑、彼得大帝那样的人物来拯救民族于危亡。他曾对肖子璋说，中国也要有这样的人物，我们每个国民都应当努力。1910 年，16 岁的毛泽东在离家的时候，曾给父亲留下一首小诗：“孩儿立志出乡关，学不成名誓不还。埋骨何须桑梓地，人生何处不青山。”

心怀梦想、奋力逐梦，能砥砺意志，激发不断奋进的动力。美好梦想能使人不畏艰险，保持一种朝气和进取精神。据《只要坚持，梦想总是可以实现的》一书记载，一个男孩从小就梦想长大后能环游世界，没有人相信他能做到。20 多岁，他在金字塔下给父亲写信：“亲爱的爸爸，记得小时候你曾经踢了我一脚，保证我这辈子绝对不可能来到那么远的地方。现在我就坐在埃及的金字塔下面给你写信。”这个男孩还有一个梦想，是当一名杰出的作家，他的父亲依然不相信他能成为作家，对他说：“傻孩子，这个世界上哪有那么好的事情！如果有那么好的事情，我自己就先去干了，不会轮到你。”17 岁，他开始发表作品，20 岁出版《莲花开落》，之后他连续 10 年被评为台湾十大畅销书作家，作品创下 150 次再版热销纪录，被誉为当代散文八大家之一。他，就是林清玄。他曾说：“你的环境并不能决定你的未来，你的成长过程也不能决定你的未来，你的心之所向，才决定了你的未来。”

有梦想，有机会，有奋斗，一切美好的东西都能创造出来。我们心中的梦想是不会被任何东西所阻挡的。苏轼曾说：“谁道人生无再少，门前流水尚能西。”他认为一切看似不可能，其实都有可能实现。每个人的内心都相当于一台永不停歇的发动机，只要善于利用，它就能产生源源不断的能量，这种能量是巨大的，它能够带你到任何你想去的地方。缺少天赋不是不努力的借口，只要我们努力学习，在实践中充分发挥自己的潜能，不给自己设限，勇于磨砺自己，选择奔跑着追梦，就能将许多“不可能”变为一个个“可能”。

习近平同志强调，人民对国家和民族的憧憬，对自己未来的憧憬，汇集起来就是中国梦。中国梦是国家的、民族的，也是每一个中国人的。在推进中华民族伟大复兴的征程中，我们鼓励每个人都树立自己的梦想，并创造条件让“生活在我们伟大祖国和伟大时代的中国人民，共同享有人生出彩的机会，共同享有梦想成真的机会，共同享有同祖国和时代一起成长与进步的机会”，在实现中国梦的过程中实现个人梦。

能把简单事情每一次都做对就是不简单，能把平凡的事情每一次都做好就是不平凡。他 35 年如一日坚守在电网安全生产一线，在 1700 千米供电线路上往来穿梭，急难险重的工作现场总是离不开他忙碌的身影。他忍得住辛苦，扑得下身子，成为拥有 5 项国家专利、15 万字学术专著的

“专家团队”领头人，并创造了“高中生执教大学”的传奇。他，就是安徽省电力公司宿州供电公司输电运检室带电作业班班长许启金。许启金获得“安徽省电力公司首席技师”“安徽省十大能工巧匠”“中央企业优秀共产党员”“国家电网特等劳模和技能专家”“全国劳动模范”“第六届全国道德模范”等荣誉称号并获全国五一劳动奖章。

“我的梦想是做一名新时期的金牌工人。”作为一线党员，对岗位工作就要知、会、熟、精，走在专业的前面。许启金身上既有传统劳模“老黄牛”般的苦干实干精神，也有现代产业工人热衷创新的品格。许启金敏于围绕生产动脑筋，勤于把发现的问题作为课题来研究，善于围绕难题搞创新，有时甚至会忘记吃饭、忘记休息，半夜不睡是常事。他的卧室里，除了电脑、打印机、扫描仪，就是书，床上也堆满了书。阳台是他的“专属区域”，有架台虎钳和一张工具桌，桌子上杂乱地放着游标卡尺、锉、螺丝刀等。

野外作业常与危险相伴，他组织参与 110 千伏及以上带电作业 690 余次，参与消除各类缺陷 2800 余处……总有人对他的工作成绩单伸出大拇指。他总是呵呵一笑：“没啥，干俺们这一行，就是要不怕吃苦，不怕流汗，冲锋在前，啃最硬的骨头。”

许启金总是把安全让给别人，危险留给自己。2005 年 8 月 2 日凌晨 3 时，大雨倾盆，狂风四起，电闪雷鸣，宿州市国姬线符离段因雷震发生跳闸，影响整个城区供电。“去现场数千米的路上一片汪洋，汽车开不上去，大家只能深一脚、浅一脚，徒步赶往故障区域。许师傅执意走在前面，为我们探路”，同事李德波回忆当时情景眼圈发红。赶到故障区域时，只见电线杆塔陷在齐腰深的水中。“大家别动，我先上去摸摸情况。”许启金说完就跳进水中，奋力划向杆塔。由于沾了雨水和泥水，30 米高的杆塔变得异常湿滑。许师傅的身体紧紧贴着杆塔，一步一步，小心翼翼地向上攀爬。平时一分钟的路程，这次却用了十来分钟才爬到顶。由于不能确定故障点，许启金又带头连爬了五座杆塔……天刚蒙蒙亮，故障排除了，送上电了，冻得浑身哆嗦的老许脸上挂起了憨笑。

近年来，输电线路实行带电作业，人在几十米的高空作业，如何防止高空坠落？他发现使用中的软梯子有安全隐患，就琢磨解决这个问题。他设计图纸，自己加工部件，去实验室试验、验证技术数据，一遍又一遍地修改，终于研制出软梯作业防高坠自锁器。每当看到工友们使用改进和研发的工具快速安全地完成工作，许启金总是露出欣慰的笑容。多年来，他运用深厚的专业知识解决生产技术难题 64 项，并对所辖线路的防雷及防污闪措施进行了技术革新，使该班所管辖的线路未发生一起污闪事故。

35 年来，宿州电网 1800 多千米输电线路上，几乎每一基杆塔都留下过许启金的足迹。他走遍了 1800 千米线路，爬电杆时身姿矫健，登数十米高的杆塔如履平地。一位记者曾跟随许启金爬上 35 米的电塔，大风下的电塔似乎摇摇晃晃，让人有点眩晕，不敢俯瞰。可年近 50 岁的许启金，在铁栏杆上爬上爬下，如履平地。“爬过最高的塔是 70 米”，许启金介绍自己的纪录。

近年来，许启金共推出创新项目 12 项，带领创新小组成员完成创新 13 项，攻克技术难关 4 项，并有两项工器具改造成果获国家专利。他所在的线路带电班 QC 小组被中国质量协会、全国总工会等联合命名为“全国优秀质量管理小组”。“几度春秋多少梦。牵线长空，似把琴弦弄。在世人生原有用，千番历练成梁栋。自有凌云心血重。垂范创争，风采登高颂。惜晚华年情与共，斜阳跨虎离山洞。”许启金写下了豪放的《蝶恋花》。梦想是事业进步的阶梯，奉献是人生价值的升华。许启金不懈奋斗，继续以杆塔为柱，以线路为弦，续弹新时代优美的乐章。

新时代是奋斗者的时代，更是追梦人的舞台。人活着不光是为了衣食住行，总要成为对国家、对社会有用的人。美好的梦想是人们在实践中形成的对未来的向往和追求，是一个人的政治信仰和世界观、人生观、价值观在奋斗目标上的具体体现，是人生的事业与生活必需的支柱。在这个属于奋斗者的新时代，人人都有追梦的权利，人人也都是梦想的筑造者。

英国生物学家达尔文从小就对大自然十分好奇，立志要找到人类的祖先，这是他的梦想，也是他不懈奋斗的信念与支撑点。他乘坐“贝格尔号”舰作了历时5年的环球航行，对动植物和地质结构等进行了大量的观察和采集，最终发现了人类的祖先，提出了进化论，写下《物种起源》，推翻了上帝造人论和物种不变论。恩格斯将“进化论”列为19世纪自然科学的三大发现之一。

人生因梦想而精彩。一个人有梦、愿意追梦，才不辜负这一生一世的美好时光。梦想引导我们飞向远方。古今中外，每一位成功者都有梦想。梦想似雨露滋润着你的心灵，孕育着你奋进的动力；梦想驱动着你坚韧不拔、砥砺前行，梦想让你敢于挑战、义无反顾。有梦想的人生，生存的境界才会步步提升，潜在的能量才会渐渐展现，人生的风采才会亮丽夺目。梦想，让世间变得如此生动而多彩。由此观之，每一个人都不应该放弃对梦想的追逐。只有不断地奋斗、追逐，人生的境界才会提高。

成功的创业故事往往富有传奇色彩。比尔·盖茨创造了惊人成就，他在纷繁的世界里依然没有忘记最初的梦想。《用梦想推动行动的境界》一文记载，比尔·盖茨从小就有一颗强烈的进取心和独特机敏的性格。盖茨在湖滨中学时认识了酷爱电脑知识的同窗——保罗·艾伦。他说：“我们都被计算机能做任何事的前景所鼓舞……艾伦和我始终怀有一个伟大的梦想，也许我们真的能用它干出点名堂。”

有一次，老师让每个人都说说自己的梦想。当问到盖茨时，他平静地站起来说：“我要缔造一个关于计算机的王国……”话未说完，课堂上爆发出长时间的嘲笑声。盖茨平静地坐了下来，脸上没有什么不好意思，只有眼里闪耀着坚定的目光……在这一伟大梦想引领下，微软帝国诞生了。

人生最先苍老的不是容颜，而是那股闯劲。年轻，绝不是年轻人的专利。有的人30岁，却有60岁的心态；有的人60岁，却有30岁的心态。姜子牙80多岁才出山，辅佐周文王、周武王开辟出一片新天地。马来西亚总理马哈蒂尔93岁，仍然用流利的英语演讲。“革命人永远是年轻”，因为他有梦想，有梦想就有朝气，因而年轻，因而精彩。人生的强者将梦想坚持到底，使之成为一种信仰、一种生活态度、一种生活方式。他们不会向年龄投降，永远在跑步逐梦，为梦想倾注一辈子心血。

享誉世界的英国动物学家珍妮·古道尔，一生致力于野生动物的研究、教育和保护。为了观察黑猩猩，她 20 多岁就来到非洲的原始森林，有长达 38 年的野外考察经历。她坚持梦想，奔走于世界各地，呼吁人们保护野生动物，保护地球环境。如今这位 82 岁高龄的老者仍在周游世界，为保护丛林猩猩做一场又一场演讲。

新时代，机遇与挑战并存，尤为需要中华民族共同坚守理想信念，张扬中国梦的理想风帆，让中国梦成为鼓舞每个人的愿景、形成合力的纽带。只要我们坚持用中国特色社会主义共同理想凝聚力量，前进道路上无论遇到什么复杂局面和艰难困苦，无论遇到什么风险和考验，我们都会毫不动摇，坚持实现中华民族的伟大复兴。

成功源自一往无前的奋斗，奋斗精神始终是攻坚克难的动力之源。新征程上再出发，我们没有时间喘口气、歇歇脚，只有保持永不懈怠的精神状态和一往无前的奋斗姿态，才能一步一个脚印把前无古人的伟大事业向前推进。无论是春风得意的顺境，还是遇到山穷水尽的逆境，我们都将一如既往，奔跑追梦，攀登新的高峰。正如习近平同志所言："只有每个人都为美好梦想而奋斗，才能汇聚起实现中国梦的磅礴力量。"新时代的奋斗者不驰于空想、不骛于虚声，在奔跑中奋力逐梦，做新时代的追梦人，一棒接着一棒跑，在不断奔跑中创造着美好生活，为梦想写下现实注脚，把个人对美好生活的向往、对人生出彩的渴望，熔铸到共筑中国梦的历史征途之中，以奋斗逐梦圆梦，我们就一定能激活蕴藏于梦想之中的创造伟力，迎来生机勃勃的伟大复兴。

奋力奔跑向远方

中国梦一经提出，就迅速引起整个中国社会的共同关注和强烈共鸣。中国梦给中国社会的奋斗赋予了很深远的意义，让大家感觉到奔跑有奔头。中国梦又把中国社会的共同理想更加形象化、通俗化地表达出来了，与干部群众尤为贴近。

人不仅活在物质世界中，更是活在精神世界中。要活得出彩，首先要有崇高的梦想和执着的追求。曾经遥不可及的梦，正在我们的团结奋斗中不断靠近。中国共产党人在21世纪上半叶的接力奋斗要全面建成小康社会，建成富强民主文明和谐美丽的社会主义现代化国家。这是对中国梦的生动诠释，使中国梦变得具体而真实。从“小康之梦”到“社会主义现代化之梦”，相互衔接的两个百年奋斗目标已是望得见桅杆的航船，我们比历史上任何时期都更接近中华民族伟大复兴的目标。

新中国成立后，中国共产党人并没有停下奋斗的脚步，面对艰巨的任务，无数共产党人励精图治，劈波斩浪，在考验中前行，在困难中冲锋，创造发展奇迹。新时代是奋斗者的时代，更是追梦人的舞台。无数奋斗者用丰富的实践表明，有梦想、有机会、有奋斗，一切美好的东西都能够创造出来。

在奔跑中唯有咬定目标不放松，勤勉做事不松懈，才能缔造宏伟事业，到达成功的彼岸。勤奋，是中华民族的优良传统，是个人道德修养的重要品质，是成就功业的根本所在。天下无难事，只怕勤奋人。何谓勤奋？所谓勤，就是要劳心劳力、锲而不舍；所谓奋，就是要有所作为、奋进不止。勤奋出才能，勤奋出成果。曾国藩注重勤廉，“惟俭可以养廉，惟勤可以生明”。王国维认为古今之成大事业大学问者必经过三重境界，其中，“衣带渐宽终不悔，为伊消得人憔悴”是第二境界，讲的就是勤奋。与天资和机遇不同，勤奋是可以由自己决定的，我们必须在这一项上狠下功夫。勤奋，二字看起来似乎很平淡、浅显，实际上，让上司认可、朋友信任、百姓信服，都需要靠它。

雷平生曾与习近平在梁家河同住窑洞大约六年时间。他回忆说：习近平勤奋好学，到了夜以继日的程度，数年如一日保持着刻苦学习的习惯。我们在炕上有各自的床位，中间隔着一个炕桌，炕桌上有盏煤油灯。白天干一天活就已经很累了，晚上吃过饭，我如果觉得累，就睡觉了。而近平吃过晚饭总是拿起书本学习。他怕影响我睡觉，就把灯移到一旁，用身体挡住光线。他看书常常到非常晚。有时候，我半夜醒来，发现近平还在看书。就问：“近平，你怎么还不睡呀？”他总是说：“再看一会儿。”有一次白天聊起天来，他和我调侃说：“昨晚看书至深夜，四周寂静，颇有些‘世人皆睡我独醒’的味道。”还有一次，他颇有感慨地说：“农村知青生活可真是体力劳动和脑力劳动高度结合呀！”

习近平同志从陕西梁家河的知青到正定县的县委书记，从宁德地委书记到福建、浙江、上海的省级领导干部，再到国家领导人，40 年的时间里，他一直非常勤勉，每一天的时间表都安排得满满当当，每一步都走得“扎扎实实”。2014 年 2 月 7 日，习近平同志在俄罗斯索契接受俄罗斯电视台专访时说：“承担我这样的工作，基本上没有自己的时间……我个人的时间都去哪儿了？当然是都被工作占去了。”习近平同志曾引用老子的话，“治大国若烹小鲜”，但从他的工作量可以看出，这道“小鲜”的烹制方法无比繁复。如果用一个词来形容习近平同志的工作状态，“忙碌”无疑最贴切，他和他的执政团队都在忙着“赶考”。

一个人有了梦想，就会产生燃烧的激情，就会有不达目的决不罢休的顽强意志，就会不断挖掘自身潜能，最终实现梦想。没有明确人生目标的人，就没有向上的动力；没有具体事业目标的人，就没有成功的希望。

他没有惊天动地的壮举，也没有热血沸腾的豪言壮语，但他的梦想和坚守稳如磐石。中船集团、江南造船首席专家张国新自1968年来到“江南”，在这里度过了50个春秋，这位年近70岁的长者平和谦逊，先后主持参与建造多项“国之重器”，积累了丰富的出口民船建造经验，曾获评“全国劳动模范”“上海市劳动模范”，是业内享有盛誉的造船专家。他用激情铸就着梦想，带领着“江南人”先后监造20余艘军民舰船，完成第二代驱逐舰建造任务，实现国产新型万吨级导弹驱逐舰成功下水，攀登一个又一个高峰。“在建造112、113舰时，遇到了很多难题，但是‘江南人’硬是啃下了硬骨头，攻克了新材料运用，尤其是高强度特种钢材的焊接等多项关键技术。”张国新回忆说。

张国新读书时，老师在历史课上讲到，鸦片战争，列强从海上用坚船利炮打开了中国大门，他暗下决心：“将来一定要造出先进的战舰来保卫祖国。”1968年，18岁的张国新走进江南造船厂，成为一名普通的车床工人。他凭着优秀的工作表现，被推荐到上海交通大学深造，学习梦寐以求的船舶设计与制造。毕业返厂实习一年后，他走上了船舶监造岗位。张国新每天面对设计图纸，同时负责物资和人员调配、协同工厂各个部门，件件事情他都上心。20世纪80年代中期，我国决定自力更生研制第二代导弹驱逐舰，首制舰的监造任务落到了张国新的肩上。

张国新带领团队研究发现，按照现有的平面建造方法监造，新舰的质量和进度都无法保证。他大胆地提出了立体建造方法，带领团队夜以继日地展开攻关，运用了全新工艺，提高了生产效率。为了掌握第一手资料，张国新参加了每一次舰艇水面航行试验。

2008年6月，江南造船厂搬迁至崇明长兴岛。张国新说，自上岛后，厂里建造能力大幅提升。某型舰在建造时，需要采用一款特种钢，这种钢强度高、韧性好、耐海水腐蚀性强，但焊接后很容易发生裂缝。几位经验丰富的焊接专家纷纷请缨，却一一败北。他索性搬到工厂，与技术人员吃住在一起。在他的带领下，技术人员试验了上百种焊接方法，终于攻克了焊接难题。

张国新团队通过焊机联网建立庞大的数据库，用计算机测算和控制每一个焊接工作点的参数。在焊接过程中，电流、电压有丝毫差错系统就会自动报警，中止工人操作。

近年来，张国新和他的同事们不断攻关，接连推动多项工艺革新、提升建造质量的新技术，用“江南精神”创造出了令人惊喜的“江南速度”。时至今日，中国造船市场占有率全球第一，造船能力处于世界一流水平。

某型舰试航在即，张国新的妻子突然病倒。为了保证装备如期服役，他毅然选择随舰出海。3 个月的试航顺利完成，张国新迫不及待地赶回家。妻子看着他新添的白发，心疼地说：“你回来了，我也能下床了。”

从青葱少年到花甲老者，张国新一生看淡得失，只为造船，“一辈子干好一件事”的精神在他的身上得到完美诠释。看着团队羽翼正丰、后继有人，张国新倍感欣慰。从最简单的民用小船到参与建造“国之重器”，张国新觉得，回顾 50 年来的造船生涯，也算是圆梦了！

如果说实干可以兴邦，那么奢靡足以亡国。提倡实干苦干，永葆艰苦奋斗的本色，在其位、谋其政、尽其责，须加强自身修养和锻炼，自觉反省言行，经常自我提醒，不断激励自己，坚守实干勤勉的作风，重点解决群众期盼的问题，不断创造人民群众满意的工作业绩。

领导干部应摈弃形式主义、官僚主义、享乐主义和奢靡之风，保持和发扬实干勤勉的好作风，表现在对待事业和工作的态度上，就是不务虚功，以身作则，深入群众，求真务实，迎难而上，拼搏进取，奋发有为，多干实事，一步步实现理想；就是不说大话，不求虚名，不行驾空之事，不谈过高之理，不刮浮夸之风，不容浮伪之言，反对弄虚作假，做样子、摆花架子。有了实干勤勉、奋发有为的精神，没有条件可以创造条件，办法总比困难多，一个个难关都能闯过来。

从站起来、富起来到强起来，应变局、平风波、战洪水、防非典、抗地震、化危机，可谓一路跋山涉水，许多不可能做到的事情变成了可能。我们正处在一个重要的历史关头，面临着“中流击水、浪遏飞舟”的挑战：改革攻坚，社会转型，新问题、新矛盾凸显，既有木秀于林的自豪，也有风必摧之的烦恼，既有“登高望远”的情怀，也有“为山九仞”的压力。“海到尽头天是岸，山至高处人为峰。”圆梦民族复兴的伟大事业，不会像敲锣打鼓那样轻松，还会面临这样那样的风险挑战，会遇到“欲渡黄河冰塞川，将登太行雪满山”等诸多困难，要走的路仍需从没路的地方踩踏出来，从遍布荆棘的地方开辟出来。峰峦再高，需要我们“只顾攀登莫问高”，隧道再长，只要我们走下去总会见到光明。全面建成小康社会的蓝图怎样绘就，中华民族伟大复兴的“中国梦”如何实现，迫切需要我们在新的历史起点上，艰苦奋斗、勤勉创业、开拓创新。

勤勉苦干、艰苦奋斗的传统是我们的立身之本、创业之魂、成事之基。《易经》中有“天行健，君子以自强不息”之语，《左传》亦有“人道敏政”之言。人类所创造的一切辉煌成果和非凡成就，全是勤奋苦干而来的。“胜负之征，精神先见。”人生最怕的就是“未成事而先丧志”。精神上的溃败乃是真正的失败。当前有的党员干部，缺乏一股朝气、锐气、拼劲：有的未老先衰、暮气沉沉，没干先说不行，做事明日复明日，不作为、缓作为；有的创新失败后便灰心丧气、不肯“再试”；有的在四平八稳中丧失斗志。“功崇唯志，业广唯勤”，“历览前贤国与家，成由勤俭破由奢”，“艰难困苦，玉汝于成”，“喊破嗓子不如甩开膀子”，这些至理名言闪耀着真理的光芒，给我们以追梦奋进的力量，激励我们勤奋进取、坚韧不拔，战胜艰难险阻。

实干勤勉，还需要有无私的品格和无畏的勇气，不为个人或小集团利害关系左右，旗帜鲜明地表明自己的立场和态度，坚持从人民群众的利益出发，说真话、出实招、办实事，为实现伟大的中国梦而奋斗。

烈火锻来一品金

人们做事情、干事业，往往“开头”热情高，到后来遇到各种困难，就看有没有“坚持”的精神。

意志品质和韧劲是一切有志者必须具备的重要素质。古之成大事业者，不唯有超世之才，亦必有坚忍不拔之志。没有锲而不舍的“量变”，就没有水滴石穿的“质变”。干事业要有韧劲。大到一个国家、一个民族，小到一个单位、一个人，都需要长远目标，实行目标管理，并为目标而不懈地努力。2016 年 3 月 8 日，习近平同志强调：“要有坚持不懈的韧劲，一件接着一件办，不要贪多嚼不烂，不要狗熊掰棒子，眼大肚子小。要发扬钉钉子精神，不能虎头蛇尾。我们要一诺千金，说到就要做到。”①“要有‘功成不必在我’的境界，一张好的蓝图，只要是科学的、切合实际的、符合人民愿望的，就要像接力赛一样，一棒一棒接着干下去。”②

有一位叫王泽山的院士，甘坐“冷”板凳，研究“热”学问：一辈子与火药打交道，将有重大安全隐患和环境风险的“危险品”，变成了 20 多种畅销国内外的军用、民用产品。在含能材料低温感技术研究中，他发现了能够弥补温度影响的新材料，显著提高了发射药的能量利用率，并解决了长期贮存的问题。行业里的人尊称王泽山为“火药王”，他却自谦地

---

① 习近平：《保持战略定力增强发展自信　坚持变中求新变中求进变中求突破》，载《人民日报》2015 年 7 月 19 日。

② 习近平：《做焦裕禄式县委书记》，载《学习时报》2015 年 9 月 7 日。

说："那是因为我姓王。"2018 年，王泽山获得 2017 年度国家最高科学技术奖。王泽山先后获得国家科学技术奖一等奖 3 项，获国家和省部级科学技术奖 7 项。

追逐着梦想，才有人生的多姿多彩。做一个追梦人，是时代之音，是人生之幸。王泽山通过现代技术，将中国人发明的火药在效能、工艺方面推进了一大步，开启了我国火炸药领域从跟踪仿制向自主创新发展的新征程，使中国古老的发明重新绽放出新的活力，在火炸药研究方面的贡献堪称"中国诺贝尔"。

1935 年，王泽山出生于吉林省吉林市，当时的东北正处于日本侵略者的统治之下。王泽山目睹了侵略者犯下的滔天罪行，懂得了"有国才能有家"的道理，他从小就将"强国方能御侮"的道理铭记于心。1954 年，19 岁的王泽山怀揣强国梦，报考了哈尔滨军事工程学院，选了一个当时学校最冷门的专业——火炸药，他坚信研究火炸药"是有战略意义的领域，也是国家的需要"，他始终对这份工作一往情深、如痴如醉。

"创新就是要做别人没解决的问题，模仿做得再好，也只能比别人做得稍微好一点。"在 60 多年的科研生涯中，王泽山始终高度重视创新，在他看来，"凡是从事工程技术研究的人员，不能一味地跟着国外的研究、简单地仿制研究，一定要有超越意识，要做出真正有水平的研究成果。"

20 世纪 80 年代，他首创了火炸药资源化系列再利用技术，为消除废弃含能材料公害提供了技术支撑，是我国火炸药领域军民融合道路的开拓者，该技术获得 1993 年度国家科学技术进步奖一等奖。自 20 世纪 90 年代起，王泽山通过研究发射药燃烧的补偿理论，发明了低温感含能材料，并解决了长期贮藏稳定性问题，显著提高了发射药的能量利用率，该技术获得 1996 年度国家技术发明奖一等奖。

在创新的过程中，他特别看重"求本"（追求本质）的思维方法。他认为，在学习和工作中遇到问题要多问几个"为什么"，问过和思考之后，认识的范围扩大了，对问题的理解也会愈加集中和深入。而问了"为什么”之后，还要追问“还存在什么问题”“能不能更好”“怎样才能更好”，进而上升到“怎么做”。王泽山曾说：“我 20 多项发明专利，多数是在这样的思考中形成的。”

远射程与模块发射装药是高性能火炮的关键技术。那时候，已过花甲之年的王泽山完全可以功成身退，不必顶着风险再闯这个“雷区”。但他并没有因为荣誉而停下脚步，紧接着，他向着远射程与模块发射装药技术这个全新领域发起冲锋。20 多年如一日，经过漫长艰苦的攻关，王泽山利用自己另辟蹊径创立的装药新技术和弹道理论，终于研发出了具有普遍适用性的全等式模块装药技术。

“奋斗何止到退休，晚霞似火映花红。”在王泽山的办公室和家里，储存了不少方便食品，这经常就是他的一日三餐。“我对生活没什么要求，能吃到饭就很好了，忙起来不吃饭、不睡觉也没问题。”王泽山说，小时候吃过苦，青年时爱运动，练就了一副好身体支持搞科研。“火炸药研究已融入我的一生，我这一辈子只想做好一件事，别的我也做不来。”即使已经 80 多岁，王泽山仍然活跃在一线。这么多年，王泽山有一半时间在试验场地。冬天在内蒙古靶场做实验，零下几十摄氏度气温，80 多岁的王泽山却和大家一样，在外面一待就是一整天。一天的实验做下来，不少年轻人都感觉吃不消，可王泽山晚上还要核对和验证白天取得的各类实验数据，反复查找实验过程有无疏漏之处。他常说，火炸药性能参数的验证中有很多的不确定因素，实验过程也颇具危险性。因此，为了能准确搜集到一手数据，同时也为了确保整个实验过程的安全有效，“只有亲临现场指导实验，我才能够放心”。

60 多年坚持不懈，王泽山建立了“发射装药学”，培养了 90 余名博士。多年来，王泽山将科研成果反哺人才培养，及时把最新研究成果引入课堂、融入教材、形成专著，已累计出版专著 14 部，均是我国火炸药领域的重要著作。他的绝大部分学生扎根在武器装备研制一线，有的已经成为国防科技领域的带头人。王泽山的“开山弟子”萧忠良，每次谈及恩师总会敬佩不已："很长一段时间，现代火药的发展中心都在欧洲。但到我研究火炸药时，读的第一本书就是王老师的著作，这是我国原创的理论著作。"王泽山60多年专注火炸药研究，走一条自己的路，做出超越国外水平的原创成果，让中国古代"四大发明"之一的火药在现代重焕荣光。

意志品质是一个人的心理素质，同时也是一种品格，一种精神力量。"胜负之征，精神先见。"精神上的溃败才是真正的失败，人最怕就是"未成事而先丧志"。意志品质是蕴藏于心、执着于信仰的力量，是义无反顾地向着既定目标前行。真正的强者不会因环境的改变而改变自己的初衷，也不会因为困惑而放弃自己的理想。命运之神是不会给有志者以绝路的，厄运是磨炼人才的特殊摇篮。意志力越强越持久，成功的概率就越大。许多人正是在挫折和逆境中继续奋斗而成就事业的。罗素说："希望是坚韧的拐杖，忍耐是旅行袋；扶着这支拐杖，背起这个旅行袋，就可以登上漫长的人生旅程。"强者都有越挫越勇的精神，成功历来不会在昏睡者身上出现。俾斯麦曾言："对于意志能坚忍而永不屈服的人，没有所谓的失败。"喷泉之所以漂亮，是因为她有了压力；瀑布之所以壮观，是因为她没有了退路；水之所以能穿石，是因为她永远在坚持。人生亦是如此。在一开始，就要抱定不达目的不罢休的信念，自强自奋，努力奔跑，坚韧不拔，竭其所能。

艰苦的生活环境能够锻造人们的意志品质，激励人们不断进取。烈火炼真金，实践长真知。改革先锋郭明义说："越是困难的时候，越能考验我们的勇气和毅力，越能激发我们的斗志。"如果总是在顺境中，容易使人不思进取，安于现状，不易掌握真本事；安乐的生活条件容易腐蚀人，沉湎其中只会走向颓废和衰败。党员干部要在摸爬滚打中增长才干。要到基层去，到艰苦的地方去，到情况复杂、矛盾突出的地方去，在千头万绪的工作中抓住主要矛盾，在错综复杂的现象中把握本质，在突如其来的情况前沉着应对，在急难险重任务前勇挑重担，磨炼意志品质，不负历史使命。

实现“两个一百年”的新征程中，要“咬定青山不放松”。一旦认定目标，认准的事情，就要坚定恒心，就要一张蓝图干到底，不为任何艰难困苦所扰，不因一时辛劳困苦而气馁，以不抓出成效不松手、不达目标不罢休的决心和韧劲，像锤子钉钉子一样，一锤接着一锤敲，一颗接着一颗钉，善始善终，善作善成，久久为功，梦想终将渐行渐近。胜利永远属于能坚持到最后的人。不可把自己的力量估计得太小，不要把环境的束缚力量估计得太大。只要抱定勇于吃苦、必胜必成、不死不休的精神进行艰难的跋涉，就能到达目的地。

风雨过后见彩虹

没有永远的成功，也没有永远的失败。凡是成功的人，都会经历苦难，因为苦难是通往成功的桥梁。在成功的路上，没有天生的强者，只有经历风雨，才能见到彩虹。习近平同志说："彩虹往往出现在风雨之后。有句话说得好，没有比人更高的山，没有比脚更长的路。再高的山、再长的路，只要我们锲而不舍前进，就有达到目的的那一天。"①

人的一生难免会遇到一些困难，在困境面前，我们要牢记梦想，保持冷静，不气馁，不放弃，坚信一扇幸福的门关闭了，会打开另一扇幸福的门，用自己坚韧的意志力去面对困难、面对挫折、面对失败，仔细研究失败的事例，从挫折中吸取教训，对失败泰然处之，督促自己站起来，坚持不懈，最终战胜困难。同样，在顺境面前，也不能在成绩面前睡大觉，被一时的胜利冲昏头脑，因为成就只是过去的，人生之旅如一座座连绵的高山，需要不断去攀登。

1939 年，为逃避战祸，李嘉诚一家背井离乡来到陌生的香港。10 岁的李嘉诚曾多次露宿车站，靠卖香烟、糖果维持生计。因父亲早逝，14 岁的李嘉诚刚读完初中二年级便辍学，担起供养母亲和弟妹的重担。20 岁，他升为塑胶厂的总经理。两年后，他用自己的全部积蓄创办了"长江

---

①《深化改革开放 共创美好亚太——习近平在亚太经合组织工商领导人峰会上的演讲》，载《人民日报》2013 年 10 月 8 日。

塑胶厂”。10年后，李嘉诚改装工厂的生产线，生产塑胶花，很快在市场上独占鳌头。

20世纪60年代，香港金融动荡、地价滑落，他趁机入市，置地建房，成为香港房地产大鳄。20世纪80年代，李嘉诚的经营领域从房地产扩展到码头、能源、通信等行业。

一个人不应该只生活在现实中，还应生活在梦想中。没有梦想的人生和有梦想的人生绝对是不一样的，不仅是想象上的不一样，而且是事实上的不一样。每一个人都有一座心灵的殿堂，存放着他精神的珍宝——崇高的梦想、迷人的事业、难忘的友情……尽管岁月匆匆，很多事情如过眼烟云，任凭物换星移，许多东西如昙花一现，但对心灵中的精神珍宝，却总是如数家珍、倍加珍爱。

在有梦想、有毅力的人眼中，失败充其量只是暂时的挫折，是一次丰富阅历、积累经验的机会。坚定的梦想和信念是人生的精神支柱，使人产生积极进取、奋发向上的力量。惜时学习，勤奋思考，耕耘不辍，阳光总在风雨后——总有一天，手中的种子会开花结果，压力的阴影会被抛到身后，自己会感到活得很充实，有一种小小的成就感。

1983年出生的郝晓勇，是中核北方核燃料元件有限公司保卫部运输保卫科科长、党支部书记，2010年6月加入中国共产党。文质彬彬、不骄不躁是郝晓勇给人的印象，忠诚履职、踏实稳重是他的内涵。

多年的运输工作，让郝晓勇的“实战”经验不断积累、丰富。2016年初，他应邀为中美共建的核安保中心编写了近10万字的《核材料运输安保》培训教材，作为国内核材料运输安保工作的行业标准。

2017年，他设计了红外双肩探测报警装置，经测试及实际使用，确认起到了对夜间运输车辆周界的有效探测报警功能，进一步完善了核材料运输实物保护系统，提高了队伍的应急反应能力，把核材料运输途中被盗、被破坏事件的发生率降到最低。

“我志愿加入中国共产党，拥护党的纲领，遵守党的章程，履行党员义务……随时准备为党和人民牺牲一切，永不叛党。”2018年4月17日，在一次押运核燃料的途中，郝晓勇带领临时成立的党支部的党员们，面对鲜红的党旗重温入党誓词，再次立下铮铮誓言。

从事核材料运输安保工作9年间，郝晓勇共组织参与公路运输安保任务49次，行程20余万千米，实现了核材料产品无事故、车辆行驶无事故、枪支弹药管理无事故、人身安全无事故的工作目标。由于郝晓勇敬业履职，被评为中核集团“优秀党员”、包头市“优秀党务工作者”、中核北方“保卫先进个人”，他所在的运输保卫科也获得公司级“青年文明号”、安全生产“标杆班组”荣誉称号。“因为发自内心地热爱这份工作，心里总是会惦记，干得越久也就越放不下。”郝晓勇笑着说道。

《做人与处世》2015年第11期《让梦想比山高1米》记载，厦门大学哲学系研究生陈翔宇，成功地站在海拔6621米的唐古拉山格拉丹东主峰上，实现了自己的梦想。为了这个梦想，他与同学准备了大半年，穿过大半个中国，终于征服了长江源头。

与雪山的缘分，始于陈翔宇迈入厦门大学的那一刻。那天，刚巧学校的电子屏幕上滚动播放一组登山视频，画面极为抢眼、震撼。陈翔宇看到片头上“厦门大学登山协会”时，就向老师询问。老师对他说：“今年登山协会的目标是唐古拉山，不过，登山要求很高的，有兴趣可以先去感受一下。”

陈翔宇通过参加登山队的训练，完成了自身的蜕变，入选16人登山小组，离梦想越来越近了。2015年8月11日中午12时左右，终于登上顶峰，6621米！攀登的过程艰难枯燥，登顶的喜悦是难以用语言表达的。

记者采访时，陈翔宇说：“登山，我很喜欢，把它当成一项使命来完成。读万卷书，行万里路，这确实是一次不错的暑期实践。”对于梦想，他说：“山，在自然中；山，也同样存在于我们的生活里。每个人不是天天都在爬山吗？因为有梦，我站在了唐古拉山主峰上。我的梦想比唐古拉山高1米！”

想要实现梦想、到达顶峰，就要立下恒心，保持奔跑的状态，一直坚持下去。“春有百花秋有月，夏有凉风冬有雪”，每一段人生旅程都有别样的风景，执着的追梦人大都是在某个领域坚持得最持久和走得最远的人。漫长的人生之路不都是一马平川，如同一位诗人所云“正入万山圈子里，一山过了一山拦”。一位教育家曾说：“不管前方的路有多苦，只要走的方向正确；不管多么崎岖不平，都比站在原地更接近幸福。”新时代的党员干部肩负着崇高使命，一定要立鸿鹄志、练真本领，汇聚起追梦圆梦的能量，逢山开路、遇水架桥，跨过一座座高山，踏过一片片荆棘，攀上高峰时，会欣慰地发现，走过的坎坷和曲折，都变成了一道道绚丽的彩虹。

担当谱写追梦篇

一些党员干部奉行好人主义，不敢批评、不愿批评，不敢负责、不愿负责，有的怕得罪人、丢选票，便搞无原则的一团和气，信奉多栽花、少栽刺的庸俗哲学，满足于做得过且过的太平官；有的为人圆滑世故，处事精明透顶，工作拈轻怕重，岗位挑肥拣瘦，遇事明哲保身，付出的比别人少，得到的比别人多。这种不求有功、但求无过的“圆滑官”“老好人”“墙头草”对党和人民事业危害极大，必须下决心、花大气力解决。

敢担当、勇作为，提升担当作为的胆识魄力。心怀家国、关注苍生、躬身为民、担当作为，既要有思想认识的高度，又要有付诸行动的力度。早在2010年，习近平同志就说过：“看一个领导干部，很重要的是看有没有责任感，有没有担当精神。”[①]2013年6月18日，习近平同志在党的群众路线教育实践活动工作会议上强调，要“在大是大非面前敢于担当、敢于坚持原则”[②]。2015年1月，在第十八届中央纪委第五次全体会议上，习近平同志再次指出：“人民把权力交给我们，我们就必须以身许党许国、报党报国，该做的事就要做，该得罪的人就得得罪。不得罪腐败分子，就必然会辜负党、得罪人民。”[③]从“人民对美好生活的向往，就是我们的奋

①《习近平：领导干部要树立正确的世界观权力观事业观》，载《学习时报》2010年9月6日。

②《习近平关于党的群众路线教育活动论述摘编》，党建读物出版社、中央文献出版社2014年版，第22页。

③《习近平关于全面从严治党论述摘编》，中央文献出版社2016年版，第185—186页。

斗目标”，到“为人民服务，担当起该担当的责任”……这些真挚赤诚、感人肺腑的话语，彰显了共产党人的初心和使命。

在新时代全面深化改革开放，必须敢于较真碰硬，勇于破难题、闯难关。敢不敢担当，能不能碰硬，直接考验党员、干部的胆识和魄力。2013年2月7日，习近平同志在索契接受俄罗斯电视台主持人布里廖夫的专访时说：我的执政理念，概括起来说就是“为人民服务，担当起该担当的责任”。干部干部，干是当头的，既要想干愿干积极干，又要能干会干善于干。“我愿意做到一个‘无我’的状态,为中国的发展奉献自己。”[①]“我将无我”是因为心中有民，“不负人民”就是不负时代，这是共产党人的格局，是各级干部的航标指南，是新时代奋进的动力源泉。

“我将无我，不负人民”之人，是忧患意识、使命意识和责任意识强烈的人，是敢为天下先、敢于坚持真理、敢担风险、敢作敢为的人。“我将无我”，正是为了“不负人民”，为民谋事、踏实干事，不驰于空想，不骛于虚声。有的党员干部习惯于四平八稳，满足于守摊子、过得去，做不求有功但求无过的“太平官”、左右逢源的“老好人”，经常用“但是”来“避事”，是“光撸袖子不干活”的假把式。如果党员干部把“工作”当“麻烦”，就会导致工作任务没有落实到位、为民承诺没有兑现到位，贻误了工作，给伟大事业“拖后腿”。

敢于担当是党员干部职责所系，使命所然。好干部的一个重要标准就是敢于担当。各级党员干部在党内和社会上处于重要位置，在其位就要担其责、谋其政。在深化改革的关键期，更需要党员干部不怕担风险、不怕扛责任、不怕得罪人，遇到风险不逃避，勇于承担责任，为无私无畏、敢于碰硬的党员干部撑腰。

2017年，全年实现营业收入155亿元、利润7.4亿元，名列省属国有企业前茅，上缴国有资本收益5.2亿元，占全省国有企业上缴总额的

---

①《习近平：我将无我，不负人民》，载新华网2019年3月24日。

26%，招商引资 103 亿元，均超额完成省政府下达的目标任务……可喜的数字，骄人的业绩——这是辽宁省交通建设投资集团有限责任公司组建两年后，党委书记、董事长徐大庆带领全体员工向省委、省政府上交的一份满意答卷。

2017 年 8 月 4 日，台风“海棠”带来的强降雨突袭岫岩，暴雨引发山洪暴发，辽宁高速鞍山分公司管段出现滑坡水阻现象，严重阻碍了交通。灾情发生后，徐大庆第一时间赶赴岫岩，深入抢险现场。“党员要起带头作用、疏通道路，打开岫岩通往外界的生命线，保证受灾群众的生命财产安全！”在徐大庆条理清晰的指挥督导下，鞍山分公司临时组建以党员为骨干的抢险突击队，在短短的几小时内胜利完成了道路疏通及群众救援任务。

敢于负责、勇于担当是好党员好干部必须具备的基本素质。各级领导干部在党内和社会上处于重要位置，是社会正常运行的中坚力量，是关键的少数。“担当大小，体现着干部的胸怀、勇气、格调，有多大担当才能干多大事业。”① 做新时代的奋进者，要求每一个党员干部多一些担当豪情，多一些参与意识。每个党员干部都必须牢记自己的神圣职责，时刻保持“在状态”“满格电”，一锤一锤接着敲、一件一件接力干，以勇于担当的精神和非凡的领导能力走在时代前列，朝着建成富强民主文明和谐美丽的社会主义现代化强国的目标奋勇前进。

习近平同志认为“好干部要做到信念坚定、为民服务、勤政务实、敢于担当、清正廉洁”②。怎样才是敢于担当呢？习近平同志说：“敢于担当，党的干部必须坚持原则、认真负责，面对大是大非敢于亮剑，面对矛盾敢于迎难而上，面对危机敢于挺身而出，面对失误敢于承担责任，面对歪风

①《习近平谈治国理政》，外文出版社 2014 年版，第 415 页。

②《习近平：建设宏大高素质干部队伍　确保党始终成为坚强领导核心》，载《人民日报》2013 年 6 月 30 日。

邪气敢于坚决斗争。”① 党员干部应有逢山开路、遇水架桥的精神，苦干实干、久久为功，唯其艰难方显勇毅，不断攻坚克难、开创新局。

赵连进于 1997 年参加工作，现任中冶宝钢技术服务有限公司党委组织部（人力资源部）部长。参加工作 20 年来，他不忘初心、牢记使命，做人朴实、做事踏实，以出色的工作能力和敬业奉献的精神，赢得了各级领导和广大同事的称赞。

奉献源于责任，使命在于担当。对待工作，他有强烈的责任感，埋头苦干、敬业奉献。进行“僵尸企业”一钢机电人员安置时，在最紧张的 4 个月里，他几乎每天工作到深夜，半夜突然想到某个地方需要完善就立刻起床修改方案，第二天一早，又精神抖擞地出现在单位。被集团借用的 4 年中，为了兼顾本单位工作和葫芦岛工作，他以尽职尽责的使命感和敬业奉献的精神，不舍昼夜地超负荷工作，不让任何一项工作受到影响，京、沪、葫芦岛三地奔波，来回路途几乎都在深夜。他常说自己是“以勤补拙、笨鸟先飞”，但身边的同志认为，赵连进同志是以自身实际行动认真落实“两学一做”，积极践行“一天也不耽误、一天也不懈怠”的中冶精神。

葫芦岛有色金属集团破产重整是中冶集团的一个重大项目，2013 年底，集团借调赵连进同志参与人员安置工作。他按照怀揣集团董事长国文清强调的“骨子里的信念忠诚、激情澎湃的热血忠诚”，不负重托、迎难而上，认真研究国家和地方政策，提出人员安置意见，积极与地方沟通，共同研究疑难问题的解决方案，为该项目的顺利推进做出了积极贡献。

2015 年底，钢铁行业持续亏损，进入“冰河期”。为应对危机，妥善解决公司面临的人力资源问题，在公司领导的支持下，他带领系统人员，根据公司用工特点，从严格控制招聘、大力推行内部劳动力市场、清理不在岗员工、清理富余员工、积极办理特殊工种退休等 13 个方面采取果断

①《习近平谈治国理政》，外文出版社 2014 年版，第 413 页。

措施，开展人力资源结构优化调整工作，有效降低了人工成本，有力支撑了公司的持续稳步健康发展。

党员干部要时刻牢记自己的使命与重任，保持旺盛的斗志与激情，保持“等不起、坐不住、慢不得”的紧迫感，心中有责，勇于担当，在急、难、险、重的情况时，勇于面对、敢作敢为。要有舍我其谁的气魄，挺身而出，把重任扛下来；要有攻坚克难的勇气，敢于较真，敢打硬仗，才能做出无愧于历史、无愧于人民的业绩。

为官有为，走在时代的前列。面对困难不推脱，遇到问题不回避，敢于承担责任，应该做的事顶着压力也要做，必须负的责迎着风险也要担，把履职尽责的要求内化于心、外化于行。担当不可随心所欲，成功不会唾手可得，把握时势才能有效担当。

做有梦想的实干家

梦想从来都不会自动化为现实。梦想既不是空想，也不同于现实，是对美好未来的设想和憧憬。梦想要成为现实，空谈谈不来，只有依靠努力奋斗才能到来。我们要时刻牢记“空谈误国、实干兴邦”。唯有实干，才能将理想信念变为现实。只有以奋力拼搏的苦干精神、以求真务实的实干精神和以智慧创新的巧干精神去努力，才能圆中华民族共同的梦，中国梦才能伴随着时代的脚步声逐步变为现实。

空谈误国，实干兴邦，深刻阐明了从梦想到现实的基本规律，表明了从“憧憬世界”到“改变世界”的基本路径。我们党的历史表明，什么时候坚持求真务实、实干兴邦，党的事业就蓬勃发展，人民的福祉就能提高；什么时候空谈成风、不切实际，党的事业就停滞衰落，人民的利益就遭受损失。时代呼唤真抓实干的领导者，群众推崇有梦想、有韬略的实干家，不欢迎热衷虚谈的人。

实干精神，是共产党人的宝贵品质和政治本色。“共产党人是用特殊材料制成的人”①。所谓“特殊”，就是特别能吃苦，特别能战斗。习近平同志在2018年新年贺词中指出：“九层之台，起于累土。要把这个蓝图变为现实，必须不驰于空想、不骛于虚声，一步一个脚印，踏踏实实干好工

①《习近平总书记系列重要讲话精神学习读本》，中国方正出版社2014年版，第155页。

作。”[①]

杨善洲退休后，热衷于植树造林，一干便是20多个春秋，尽管住着竹篾搭的屋子、睡着树桩造的木床。他带领大家植树造林7万多亩，使林场林木覆盖率达87%以上，让荒山秃岭变成了林海，明显改善了当地恶劣的自然环境。按市场价算，成才树木价值至少在3亿元以上，然而杨善洲做出决定——把林场无偿交给施甸县。

有人问杨善洲：“放着好日子不过，何必自讨苦吃？”他回答：“入党时我们都向党宣过誓，干革命要干到脚直眼闭，现在任务还没有完成，我怎么能歇下来？共产党人就是要‘自讨苦吃’！”不愿吃苦、追求安逸、贪图享乐、与民争利，与党的宗旨格格不入，与党章的要求相差甚远。杨善洲担任县、地领导时，很少待在办公室，大部分时间都在乡下跑。他穿着朴素，下乡随身携带锄头，不时出现在田间地头，帮助农民干农活，碰到插秧就插秧，碰到收稻就收稻，肤色黝黑，双手粗糙，以至于闹出检查工作时被乡秘书当作农民“挡驾”的笑话。

作为一个厅级干部，杨善洲始终把党和群众的利益放在个人利益前面。他没为家里盖一间房子，没让妻子和孩子“农转非”。退休后，他没有享受含饴弄孙、儿孙绕膝的天伦之乐，而是“自讨苦吃”植树造林22年，并将林场无偿移交国家。

全面建成小康社会要靠实干，实现现代化要靠实干，实现中华民族伟大复兴要靠实干。“实干”二字，既在于“埋头苦干”，更在“认准了就干”。邓小平强调“从现在起到下世纪中叶，将是很要紧的时期，我们要埋头苦干”[②]。实干就是扑下身子抓落实，不能光要嘴皮子；就是不能停留在文件上、讲话中，而要提高执行力，付诸实施；就是不能贪图安逸，而要舍得流汗吃苦。“喊破嗓子不如甩开膀子”。

---

①《国家主席习近平发表二〇一八年新年贺词》，载《人民日报》2018年1月1日。

②《邓小平文选》第3卷，人民出版社1993年版，第383页。

《中国核工业报》2018 年 6 月 23 日记载，在中核二七二铀业有限公司三〇五库，有一位中年男子始终充满激情、脚踏实地，出色完成各项工作任务，29 年如一日，他就是综合干事兼材料技术员阳羿。

基层党建工作量大、涉及面广，遇到突击任务时加班、没有节假日也是常事，但只要能完成任务，阳羿始终无怨无悔。他从严格“三会一课”制度入手，每月协助直属党支部书记制订相应的党支部、党小组学习计划，重落实、勤检查、抓实效，使学习和记录更加规范；他第一时间将单位的党建亮点编制成党建月报，并报送公司党委；他深入生产一线对生产进度、先进人物、鲜活故事进行报道。他建立了困难员工（党员）档案，对困难员工（党员）进行家访、调查，实施动态管理，确定帮扶对象；成立党员志愿帮扶服务队，每月定期给身患尿毒症的员工王洪祥送药品，确保党的温暖及时送到困难员工（党员）心中。2017 年，三〇五库直属党支部被评为中国铀业公司标准化示范党支部，直属党支部书记直夸“军功章里有老阳的一大半功劳”。

阳羿在认真完成好党务工作的同时，还积极做好材料技术员的工作。2017 年，二七二铀业铀转化试运行投产，三〇五库作为辅助单位要全力配合转化开车运行。由于工段生产任务繁重，阳羿几乎每天都在生产现场，为车辆加油、送材料，解决生产中遇到的各种问题。有一天，他妻子打电话提醒他，第二天的周末是她的生日，问他能不能回来，老阳满口答应。但在家里待了不到两个小时，就有电话通知他马上到厂区验收入库一批紧急物资。他二话不说，立即赶到现场。等到忙完工作时，请来过生日的客人们都已经走了。

在新时代的征程中，开拓进取，撸起袖子加油干，乃是新时代党员干部应有的精神状态。这种精神状态是我们追梦圆梦的气势与风姿。新时代需要实干家，因为这样的党员干部不采华名、不兴伪事，乃是新征程的拼搏者、开拓者。奔跑追梦的新征程昭示新使命，新使命激发新拼搏，新拼搏带来新开拓。而能够承担起新拼搏的重任、擘画出新开拓的风采的，无疑就是那些有初心、有信念、有作为的实干家。这样的实干家，有一种执着和坚韧的毅力，有一种笃行和奉献的精神，有一种拼搏和开拓的品格，奋力奔跑在追梦的新征程上。

担当体现着勇气，体现着情怀，体现着责任，体现着境界，担当是勇敢品质和责任意识的统一。勇于担当，就是要弘扬以天下为己任的精神勇挑重担、事不避难、敢于负责，做好自己的工作，就是要打破陈规、敢于拍板、忠诚履职、尽心尽责、勇于担责、一抓到底。

有的领导干部心浮气躁，没有彻底摈弃形式主义和官僚主义，甚至为了保住自己的职位、追逐个人功利，热衷于做表面文章，在其位不谋其政、任其职不负其责，不催不研究，研究了也不反馈，忽视了抓落实；八方奉迎，左右逢源，逃避责任，“不求有功，但求无过”；对敢于担责的干部说三道四、推三阻四，助推歪风……群众对此深恶痛绝。

无论多美好的理想都不可能唾手而得，都离不开筚路蓝缕、胼手胝足的艰苦奋斗。实现中国梦，创造全体人民更加美好的生活，任重而道远，需要有一大批埋头工作、拼命实干、只顾攀登莫问高的实干家。我们每一个人付出辛勤劳动和艰苦努力，实干苦干，锲而不舍，不尚空谈，不玩虚招，务求实效，才是最可尊敬的。

不待扬鞭自奋蹄

“块块荒田水和泥，深翻细作走东西。老牛亦解韶光贵，不待扬鞭自奋蹄。”这是诗人臧克家的一首经典诗作。“不待扬鞭自奋蹄”，深刻诠释了老黄牛老骥伏枥、自强不息的精神。

他曾在2006年6月巴黎国际发明博览会上四次站起，成为博览会105年历史上获得四项金奖的第一人。他就是上海国际港务（集团）股份有限公司原副总裁包起帆。他研发的新型抓斗及工艺系统，推进了港口装卸机械化，被誉为“抓斗大王”，被评为新中国成立以来100位感动中国的人物，不愧是“中国创造”的追梦人。

40多年来，包起帆与同事们共同完成了130多项技术创新项目，其中3项获得国家发明奖，3项获得国家科技进步奖，36项获得巴黎、日内瓦、匹兹堡、布鲁塞尔、纽伦堡等国际发明展览会金奖，获国家和国际专利50项。自1992年起，连续当选为党的十四大至十七大代表、中国发明协会副会长，连续5次荣获“全国劳动模范”称号，荣获“全国优秀共产党员”“全国敬业奉献模范”“改革先锋”殊荣，被党中央、国务院誉为“港口装卸自动化的创新者”。

2015年9月3日，在中国人民抗日战争暨世界反法西斯战争胜利70周年纪念日阅兵典礼上，包起帆佩戴着奖章，站在天安门观礼台上，心情十分激动，“作为一名工人，我感到无上光荣。这荣誉，不仅是对我个人的充分肯定，更是对一线普通劳动者的最大褒奖”。包起帆抑制不住地流出了眼泪。

20 世纪五六十年代的模范人物孟泰、王进喜、雷锋等英雄模范人物深刻地影响了青少年时代的包起帆，这些都是他的榜样，使之在内心深处打下深深的精神底子。爱岗敬业、争创一流，艰苦奋斗、勇于创新，淡泊名利、甘于奉献，是包起帆的真实写照。从 17 岁做码头装卸工开始，到成长为教授级工程师，包起帆搞发明厉害得很。“我要告诉年轻的职工，像我包起帆一样，人生起点很低，没有学历、没有资历、没有背景的普通人，通过自己的努力也能成功。”他说。

在包起帆发明木材抓斗前，港口码头工人卸货靠的是肩扛手提、人力捆扎，特别是原木装卸作业更是险象环生，事故不断，被称之为“木老虎”。包起帆说：“是码头的安全问题逼着我开始研究抓斗的。让‘木老虎’不再‘吃人’，就是我的初心。”

包起帆 30 岁的这一年，当时他还只是上海港南浦港务公司机修车间机修工，专门负责修理码头上的起重机，因为先后搞成 20 多项技术革新，特别是发明了“变截面起升卷筒”，延长了钢丝绳寿命，仅此一项就为国家减少支出 30 多万元，一下子成了小有名气的技术革新能手，被推选为“上海市劳动模范”。

1981 年对于包起帆来说确实是个值得纪念的年份，他除了当选市劳模，还坚持 4 年半工半读，从上海第二工业大学起重运输专业毕业。凭借着深厚的专业知识和顽强的钻研精神，包起帆搞技术革新和发明一发而不可收，不知熬了多少夜，木材抓斗终于研制成功了。包起帆又把目光瞄准了“铁老虎”，发明了“单索生铁抓斗”“异步启闭废钢块料抓斗”“新型液压抓斗”。这些成果创造性地解决了一批关键技术难题，这些发明以及在全国港口的推广使全国码头装卸工的安全有了保障，从根本上改变了我国港口木材、生铁、废钢等货物装卸工艺的落后状况。新型抓斗成果不仅在全国港口推广，还在铁路、电力、环卫、核能等 30 多个行业广泛应用，并出口 20 多个国家和地区，创造了显著的经济和社会效益。包起帆也因此被誉为“抓斗大王”。

1996年以前，国内贸易的运输方式主要是散货模式和小件杂货模式，内贸标准集装箱运输产业仍是空白。中国是个大市场，江河湖海，内需旺盛，国内为什么不能有内贸集装箱运输模式？包起帆的想法一经提出立刻在公司上下引起了强烈共鸣。包起帆带着这个想法上路了。1996年12月15日，中国水运史上第一条内贸标准集装箱航线在上海龙吴码头正式开通，内贸集装箱不仅搞活了龙吴码头，还带动了产业的大发展。至今，贸标准集装箱已遍布全国40多个港口，吞吐量突破1500万标箱，龙吴码头的年吞吐量也从250万吨跃升到2300多万吨，企业效益显著提升。

面对成功，包起帆并没有止步不前，他的奋斗目标永远是下一个。经过几年的探索、试验，包起帆团队的发明创造一个接一个，新工艺、新技术层出不穷，终于诞生出一套完整的集装箱智能化生产系统，获得2004年国家科技进步二等奖和全国职工技术创新一等奖。创新没有休止符。创新意识，尤其是持续创新意识非常重要，这是包起帆30年一直坚持创造发明并获得成功的秘密所在。2015年4月，包起帆又带领华东师范大学国际航运物流研究院的团队成功研发了“有关星地交互的物流跟踪与监控项目”，拿下第43届日内瓦国际发明展览会3个大奖。包起帆说：“我认为劳模应格外认真，应该撸起袖子干在人先。什么都能放下，唯有创新的初心不能丢，创新引领，工匠接力。”

包起帆的事迹说明，创新就在岗位，创新始于足下。只要有发现问题的眼光，有锲而不舍的精神，人人都可以创新。包起帆在他的母校——上海第二工业大学，建立了包起帆创新之路纪念馆，从“爱国是创新之本”“敬业是创新之根”和“诚信、友善是创新之源”等几个方面分享他在开拓创新中践行社会主义核心价值观的经历和感悟。

一个人能否晋升职位，不由自己说了算，可是，每个人都有权利去争取实现自己的想法和活法，去追逐自己的梦想，过自己想过的生活。前行路上，一定要心存最初的梦想，不必按别人的想法而给自己的人生设限，尝试每一种可能，坚持奔跑追梦，活出自己的本色。

25 年，在一个岛执着追梦圆梦，任凭风吹浪打，哪怕少年变白头。从黑灯瞎火、门可罗雀，到璀璨通明、游人如织，广东特呈岛上每一点“用电”的改变，都因着同一个人：他亲手架起岛上的每条线路，用自己的半生书写了光明传奇。他叫陈康贵，岛民亲切地称他贵叔。

1988 年，随着一条海底电缆牵上特呈岛，湛江湾上的这座孤岛结束了无电的历史，生活开始鲜亮起来。正是这一年，贵叔作为第一批供电“垦荒牛”来到特呈岛，一待就是 25 年！

2003 年，胡锦涛总书记来特呈岛视察，提出了把小岛建设成为“文明生态旅游新海岛”的目标。随后，湛江供电局不断改善当地电网基础设施环境。那段时间，贵叔干脆在工地里住下，满身泥巴与工人们一起施工，日夜奔波在海岛与大陆之间。

随着岛上供电可靠性的提升，2006 年，湛江商人龙土金在特呈岛投资建设旅游度假村。7 月的一个夜晚，台风引发线路跳闸，度假村内全部停电。虽然已是凌晨 4 点，但闷热的天气令游客们苦不堪言。无奈之下，龙土金拨通了贵叔的电话。“好，我马上赶过来！”贵叔二话不说穿上衣服就奔向港口，20 分钟后上岛抢修，用最快的速度恢复了供电。

近年来，伴随着特呈岛网架结构的不断优化，岛上养殖业、旅游业不断发展，岛民的经济状况明显提升。岛民们没有忘记，是贵叔助力他们的致富梦启航。

“当初选择留下，是觉得这个地方离不开我，现在跟这里有感情了，是我舍不得离开了。”25 年的岁月，贵叔与特呈岛结下了深厚的感情。在这个只有 7 个自然村的小岛上，他经常跑西家串东家，小岛在他脑海里烙下再清晰不过的地图。

走进特呈岛小学就能看见郁郁葱葱的榕树林，那是 20 年前贵叔与老师学生们一起种下的。贵叔认为，有必要在岛上普及安全用电知识，从孩子抓起。自此，他每个季度都会坚持到该小学上课，义务为师生们讲授电力知识，这一坚持就是20年。

习近平同志说："一个时代有一个时代的主题，一代人有一代人的使命。新长征路上，每一个中国人都是主角、都有一份责任。"[①] 新时代属于每一个人，每一个人都是新时代的见证者、开创者、建设者，涓涓细流终能汇成大江大海。让创新创造的源泉充分涌流、活力充分迸发，让更多人找到人生出彩的舞台，精诚团结、共同奋斗，就没有任何力量能够阻挡中国人民实现梦想的步伐。

① 习近平：《在全国政协新年茶话会上的讲话》，载《人民日报》2016年12月31日。

频将梦想播中华

伟大的民族拥有伟大的梦想。中华民族在广袤而神奇的土地上，生生不息、奋斗不止，创造出灿烂的中华文明，为人类文明进步作出了不可磨灭的贡献。在中华文化发展的长河中，一直表现出并延续着强烈的逐梦精神。从夸父追日、嫦娥奔月的神话，到“神舟十号”载人航天的当代神奇，从精卫填海、愚公移山的传说，到“高峡出平湖”“天堑变通途”的伟大创举，从“蛟龙”载人深潜创造世界纪录，到第二艘航母出海试航，港珠澳大桥飞架三地，都蕴含着中华民族内心深处的梦想，始终是激励中华民族超越自我、成就伟业的强大的精神动力。千百年来，我们在奋力奔跑、逐梦圆梦，石油梦、航天梦、深海梦……构成了中国梦多维的、动态的、流动的当代图景，秉承和延续了中华民族伟大的逐梦精神。

实现共产主义与民族复兴的梦想是中国共产党建党之时就确立的“初心”。党的“初心”具有历史性、人民性和科学性，是依据近代以来的历史发展、广大人民的根本利益和从中国现实国情出发作出的唯一正确的必然选择。中华民族谋复兴的筑梦历经新民主主义革命阶段、社会主义革命和建设阶段、改革开放和现代化建设阶段。只要我们不忘“初心”、履行使命，就能在21世纪上半叶实现中华民族复兴的追梦圆梦事业，创造新的奇迹。

有梦想，才能在为民谋福、忠诚报国的精神追求中享受幸福。美好的梦想和执着的追梦是幸福人生的源头。权力不等于真理也不等于幸福，金钱不等于富有也不等于幸福。有些人在物质享受上是清贫的，但在精神享受上却是丰足的，他们将自身的人生意义和价值追求融入为中华民族谋复兴、为人民谋幸福的伟大梦想、伟大事业之中，成为一个对国家、对人民、对社会有用的人。正是这种梦想的力量，激发出代代追梦人饱满的热情和蓬勃的精神风貌。一个个写满希望梦想的人生故事，背后都有着信仰、信念的支撑，都蕴含着一股子精气神：为民情怀、忠诚履职、开拓进取、敢为人先、努力创造。

“铁人”王进喜是中国石油工人的光辉典范，中国共产党人的优秀楷模。他为我国石油工业的发展和社会主义建设立下了不朽的功勋，也给我们留下了宝贵的精神财富——铁人精神。

王进喜出身于甘肃玉门一个农民家庭。为了挣钱给父亲治病，10 岁的王进喜和几个穷孩子一起到虎狼出没、气候变化无常的妖魔山给地主放牛。1938 年，15 岁的王进喜进入旧玉门油矿当起了童工，干着和大人一样的重活，经常挨工头的打骂。师傅知道后，给他讲骆驼“攒劲”的故事，告诉他要讲究斗争方法，培养“耐力”。苦难的经历和恶劣的生存环境，练就了他刚毅坚韧、倔强不屈的性格。

1949 年 9 月 25 日，玉门解放。1950 年春，王进喜成为玉门油矿钻井队的钻工，新中国第一代石油工人。艰苦的钻井生产实践，锻炼了他大公无私的先进思想和坚韧不拔的品格。他说，党把我们当主人，主人不能像长工那样磨磨蹭蹭、被动地干活。1956 年 4 月 29 日，王进喜光荣地加入中国共产党。

入党不久，王进喜成为贝乌 5 队的队长。1958 年 9 月，在中国钻井技术还比较落后的情况下，王进喜所带领的钻井队不拘泥常规，奋发思变，苦干、实干加巧干，使井队的面貌发生了很大的变化，超额完成了打井任务，创造了月钻 5 口井、进尺 5009.74 米的成绩，这是当时全国中型钻机的最高纪录和世界少有的好成绩，并摸索出一套优质快速的打井经验。

1958年10月，王进喜到新疆克拉玛依参加石油工业部召开的现场会。余秋里部长、康世恩副部长把一面“钻井卫星”红旗颁发给他。贝乌5队被命名为“钢铁钻井队”，王进喜被誉为“钻井闯将”。《石油工人报》曾报道：为了实现钻井目标，王进喜“寝不安席，食不甘味”，天天围着钻台转——像鱼儿离不开水一样和工人们一起干。

1959年9月28日，新中国成立10周年之际，钻井队长王进喜代表玉门劳动模范到北京参加全国群英会，是毛主席请上天安门的客人之一。王进喜看到由于贫油，北京长安街上的公交车背着大煤气包，知耻而后勇，自此立下了“有条件要上，没有条件创造条件也要上”的雄心壮志。

1960年春，我国石油战线传来喜讯——发现了大庆油田。王进喜率领1205钻井队从玉门赶来，参加石油大会战。条件十分艰苦，住着干打垒和地窝子，吃着窝头和咸菜。他率领队友们发扬“为国分忧、为民族争气”的精神，组织全队职工用人力卸车，用肩扛人拉加车运的办法，把钻机和其他设备化整为零搬运到井场，把井架竖立在荒野上。他和工友吃在井场，睡在井场，日夜不离井场，连续苦干了5天零4个小时，打出了大庆第一口喷油井，创造了萨尔图的最高纪录。王进喜的房东大娘见他几天没有回去睡觉，又听说他一直在井场干活，对井队的人说：“人也不是铁打的，总不睡觉怎么行？”就到井场去看，果然见王进喜脱掉棉衣在井台上忙活。房东大娘感动至极，脱口而出：“王队长，你真是个铁人啊！”“铁人”的名字从此传开了。

打井需要水，可当时没有水管线，没有水罐车，为了抢时间，王进喜决定用脸盆端。有人说这是“瞎胡闹”，没见过哪个国家端水打井。他说：“有，就在中国。”他表示，就是尿尿也要让机器动起来，他们硬是用脸盆端来了几十吨水开了钻。他与工人们日夜奋战在井场上，饿了就啃几口冻窝头，困了就躺在钻台上睡一觉，他率领的1205钻井队被誉为“硬骨头钻井队”。

在困难面前，王进喜说：“宁可少活20年，拼命也要拿下大油田。”10 个月里，王进喜率领 1205 钻井队和 1202 钻井队，双双达到了年进尺 10 万米的奇迹。当时没有压井用的重晶粉，王进喜当即决定用水泥代替。成袋的水泥倒入泥浆池中搅拌不开，危急关头，王进喜不顾腿伤，甩掉拐杖，便跃进齐腰深的泥浆池中用身体搅拌，随后其他工人也跟着跳了进去。奋战 3 个多小时，终于制服了井喷。这口井保住了，设备保住了，王进喜和工友像泥猴儿一样爬出水池，累瘫在了井场上……从此，王进喜带队端水开工、奋战井喷的故事在大庆流传。

1960 年 6 月 1 日，大庆首列原油外运。1963 年 11 月 17 日，周恩来总理在二届全国人大四次会议上庄严宣布——中国石油基本实现自给。新中国石油工业由此进入一个新纪元。

“铁人”王进喜从普通工人成长为领导干部，从不居功自傲，始终保持谦虚谨慎的作风，对工人及其家属关怀备至，对自己和家人严格要求，一辈子甘当党和人民的“老黄牛”。他说：“我从小放过牛，知道牛的脾气，牛出力最大，享受最少，我要老老实实地为党和人民当一辈子老黄牛。”

1964 年底，王进喜前往北京参加全国人大三届一次会议。12 月 26 日，毛主席过 71 岁生日，举行便宴，王进喜、陈永贵、邢燕子、董加耕 4 位劳模应邀出席。众人坐定后，毛主席说：“今天既不是做生日，也不是祝寿，而是实行‘三同’，我用自己的稿费请大家吃顿饭。我的孩子没让来，他们不够资格。这里有工人、农民、解放军和科学家在一起，不光吃饭，还要谈谈话嘛！”当谈到大庆时，毛主席说：“石油工人们一起奋斗搞出一个大庆来，很不错嘛！石油工人干得很凶，打得好。要工业学大庆。”毛主席不断地给 4 位劳模夹菜，语重心长地嘱咐他们：“不要翘尾巴。”王进喜牢牢地记住了那句“不要翘尾巴”的嘱咐。

王进喜为发展祖国的石油事业日夜操劳，由于积劳成疾，他身患胃癌。在病床上，他仍然关心着油田建设，直到生命最后一刻，年仅 47 岁。他留下的“铁人精神”和“大庆经验”，成为我国进行社会主义建设的宝贵财富。

我们应当向王进喜等时代楷模学习，从他们身上汲取精神力量，不忘初心，不辱使命，正确看待权力、地位、名利，把党和人民的利益置于至高无上的位置，把个人的前途与祖国和民族的命运连在一起，把个人的工作与伟大事业连在一起，用行动践行庄严的誓言，保持那股子精气神，在新时代持续焕发光彩，把人生的亮点展现在中华民族的伟大复兴中。

方文墨是中航工业沈飞公司的优秀代表，钳工、装配钳工、机修钳工三个专业工种高级技师，在平凡的岗位上创造了非凡的业绩。方文墨总是随身背着个白色的大帆布书包，加上天生的娃娃脸，很多人一直以为他是个下工厂实习的大学生。这个足有 10 多斤重的大书包，他从 2000 年进沈飞技校学习开始，一背就是 10 年。与其他同龄人不同的是，他的书包里装的是诸如《钳工入门》《钳工工艺学》等专业书籍。

在完成本职工作的同时，方文墨自行制作刀、量、夹具 100 余把（件），改进刀、量、夹具近 200 把（件），改进工艺方法 60 项，发现设计问题 26 个，总结技术论文和先进操作法 12 篇。其中，定扭矩旋合器提高了 8 倍工效，仅节约人工成本达 100.8 万元；钛合金专用丝锥经过方文墨的改进，提高了 4 倍工效，节省材料费和人工成本 46.2 万元。辛苦的付出成就了方文墨高超的技艺，手工加工公差达到了 0.003 毫米，相当于头发丝的 1/25，是最先进的数控机床都无法达到的精度。

将梦想当作毕生追求的人，内心会升起一股强大的力量，无论遇到多大的暴风雨，都不会有一丝动摇、一点退却。奋力奔跑，同心逐梦，才能到达梦想的彼岸。英国评论家亚瑟·西蒙斯曾说：“只要我们能够选择自己的命运，把握自己的命运，那么一切梦想都会成真。只要我们精力充沛、坚持不懈，我们就能得到一切想要的东西。只有少数人能成功，就是因为只有少数人有伟大的梦想，并为之而坚持不懈地奋斗。”陶行知说“奋斗是万物之父。”如果怕苦怕难、停滞不前，那么回报给你的就是碌碌无为，永远也不会有梦想成真的那一天。拥有梦想，执着追梦，才可以使不可能变为可能，达到一种人生高度，实现人生价值的最大化。

拥有梦想、执着追梦对于人生至关重要，它在人生实践中起着重要的不可替代的作用。拥有梦想、执着追梦的人生是幸运的和幸福的。只要我们坚守梦想，忠诚地践行党的纲领，坚定对中国特色社会主义的理论自信、道路自信、制度自信，始终不渝地为追梦圆梦不懈奋斗，就一定能形成排山倒海、无坚不摧的磅礴力量，在充满阳光的新路上，创造新的辉煌。

下篇

奔跑追梦呈风华

BENPAO ZHUIMENG CHENGFENGHUA

用生命书写追梦歌

“我们都在努力奔跑，我们都是追梦人。”在2019年新年贺词中，习近平主席深情回望过去一年极不平凡的追梦之旅，热情礼赞每一位奋斗者的艰辛付出，满怀信心寄语亿万人民勇敢踏上追寻梦想的新征程。梦想并不奢侈，人人都可以拥有它。梦想是保持生机、激发活力的源泉。梦想是人生的风帆，有了它，生命才可远航。梦想和经典一样珍贵，永远不会因为时间而褪色。只要不轻易地转移目标，将梦想作为每一天开始的动力，坚韧不拔向着目标奋进，铆足劲头攀登山峰，不被任何东西阻挡，就能实现梦想。

有这样一位大学教授，他有一个富有诗意的名字，他用宝贵的生命谱写了一首传唱千古的追梦之歌，他拼搏一生书写的中国故事永远镶嵌在历史长廊上。他就是复旦大学研究生院原院长、生命科学学院教授钟扬。他不顾高血压、心脏肥大，坚持援藏16年，像守护生命一样守护祖国植物基因库，在雪域高原跋山涉水50多万千米，数次攀登至海拔6000多米的高峰，盘点世界屋脊的植物家底，寻找生物进化的轨迹。他在野外收集植物种子4000多万颗，打响了“植物保卫战”，填补了世界种质资源库没有西藏种子的空白。从藏北高原到喜马拉雅山区，从阿里无人区到波涛汹涌的雅鲁藏布江江畔，到处都留下了他忙碌的身影。他立志要为每个少数民族培养一位植物学博士，从教30余年用心培养了107位研究生和博士后。

人因信念而伟大，因逐梦而不凡，因执着而永生。青藏高原，拥有我国最大的生物“基因库”。由于高寒艰险、环境恶劣，植物学家很少涉足这里的珍稀植物资源，物种数量被严重低估。一个人不是因为伟大才善梦，而是因为善梦才伟大，“我戒得了酒，戒不了去西藏。”在53年的人生旅程中，钟扬用意志的翅膀托起梦想，用植物种子播种幸福、播种未来，留下了太多不平凡的足迹，让每个有梦想的人肃然起敬。钟扬的一生就是扎根大地的“中国种子”，他的科研成果填补了西藏高等教育的系列空白，将西藏大学生物多样性研究成功推向世界。钟扬曾说，“一个基因可以拯救一个国家，一粒种子可以造福万千苍生”“人生没有绝对，不必等到临终才来回首自己的人生，只要把每个年龄段该干的事都干了，就能不负人生”。他扎根中国大地，用心播种未来，用毕生寻找种子、播撒种子，钟扬的精神生长在新时代的春天里，必将在雪域高原、在祖国大地上开花结果。

然而这样有梦想、有担当的钟扬，却因车祸不幸去世。他的生命意外止于“保留生命种子”的路上。他曾经说过：“任何生命都有结束的一天，但我毫不畏惧，因为我的学生会将科学探索之路延续，而我们所采集的种子也许会在几百年后的某一天生根发芽，到那时不知会完成多少人的梦想。”

那一座座白雪皑皑的触天巅峰，一片片让人神往的绿色草原，一条条宛如银链的西藏之河，一道道如诗如画的天边彩虹，都珍藏着他不倦的身影、追梦的故事和奋然前行的英雄本色。复旦大学副校长金力院士始终对钟扬怀着一份深深的敬重，他说，倘若用一个词来凝练钟扬的一生，应该是“追梦”二字，“钟扬就是一个一生追梦的人”。钟扬是秉承初心的追梦人，是耸立在雪域高原的精神坐标，是播种未来的时代先锋，集中展现了一名优秀共产党人和优秀知识分子的时代风采。

钟扬15岁读高一，那年实现了大学梦，考入中国科技大学少年班。他从无线电专业毕业，被分配到中科院武汉植物所，从事植物学研究，二十几岁的他就成为国内植物学领域的青年领军人物。成绩单的背后，是他超乎常人的坚持和勤奋。钟扬曾风趣地说，自己做科研有“四像”：像狗一样灵敏的嗅觉，把握前沿；像兔子一样迅捷的速度，立即行动；像猪一样放松的心态，不怕失败；最后也是最重要的，像牛一样的勤劳，坚持不懈。

20 世纪 90 年代初，钟扬与妻子张晓艳赴美国做访问学者和留学。选择回国的人并不多。回国时，别人带的往往是稀缺的彩电、冰箱等家用电器，钟扬却买了计算机、复印机。张晓艳回忆说：“我们一起去提货的时候，海关都不相信，怎么可能有人用自己省吃俭用节省下来的钱给公家买设备？”然而，这正是钟扬的做事风格。他头脑里经常想的是：我应该为这个单位、为这个国家做些什么？

一粒稀有种子，对于一个国家一个民族意味着什么？袁隆平培育的杂交水稻种子让我国占世界 7%的耕地养活了占世界 22%的人口；20 多株从我国引进的野生猕猴桃枝条，成了新西兰经济的支柱产业；西方人从中国拿走的珍稀种子和苗木，把英国这个只有 1500 种植物的岛国装扮成了世界植物的圣殿。作为中国植物学家，钟扬立誓要为祖国守护植物基因宝库；作为对人类负责的植物学家，钟扬立誓要在生物多样性不断遭到破坏的当下为人类建一艘种子的“诺亚方舟”。

他并不看重官位和职位。2000 年，钟扬放弃了中科院武汉植物研究所副所长的岗位，两手空空地到复旦大学做一名普通教授。他说：“人就是要做自己感兴趣的事情，才能不负人生。我对植物学感兴趣，但我们当时的植物研究所只能在华中地区转悠，而高校搞研究可以想去哪儿就能去哪，只做个普通教授又怎样呢？”不久后，钟扬被复旦大学聘为生命科学学院常务副院长。他越来越意识到，许多物种在消失，保存种质资源已经成为一项基础性、战略性的工作，对于国家发展、人类命运意义非凡。经过大量细致的文献研究和实地野外考察，钟扬发现西藏独有的植物资源未受足够重视，物种数量被严重低估。他开始把科研慧眼和奋斗梦想投向我国生物资源最为丰富的地方——青藏高原。2001 年，他又放弃了副院长的职务，到西藏大学担任一名普通教授。他说：“研究生物的人当然应该去西藏，青藏高原有 2000 种特有植物，一颗种子可以造福千万苍生。那是每个植物学家都应该去的地方。”

从 2001 年起，钟扬自主进藏开展科研，此后连续成为中组部第六、第七、第八批援藏干部。一方面，他收集植物种子，为保护生态存储未来的希望；另一方面，他致力于在西藏建设生态学科，培养人才。钟扬和团队在西藏取得了一系列研究成果：在高原香柏中提取出抗癌成分；寻获“植物界小白鼠”拟南芥；用 3 年时间将全世界仅存的 3 万多棵西藏巨柏全部登记在册；找到可在制香功能上替代巨柏的柏木，为珍稀巨柏筑起一道坚固的保护屏障……

梦想因奋斗而生辉。26 岁时的钟扬在入党志愿书中这样写道：“我对中国共产党更加坚信不移，愿为党工作，为革命事业奋斗终身，愿接受党的一切考验。”在西藏外出采样过程中，钟扬说去阿里，学生们都因条件艰苦而质疑，他却说：“正因为别人都不愿去，我们必须去！阿里地区肯定还有未被发掘的特有植物，可能对国家有着重要价值。”钟扬这么说，也是这么做的。查清青藏高原植物种质资源的家底，为人类留下宝贵财富；让上海的海滩也能长出大片繁盛的红树林；为少数民族地区培养植物学博士等高层次人才……为了这些梦想，钟扬凭着内心的挚爱去做事业，坚持 16 年援藏，他义无反顾、无怨无悔。

一个人不能使自己伟大，却能使自己崇高。新时代党和国家事业空间很大，只要有梦想、有志气、有闯劲，就可以在宽广舞台上展示自己的人生价值。钟扬说：“不是杰出者才善梦，而是善梦者才杰出。”同事眼中的钟扬，做事从来都是出于理想，而非私心。无论是在科考的野外，还是讲学的课堂，他永远是人群中最富热情、最能传递乐观情绪的那个。学生说他总是有讲不完的故事、道不尽的梦想。

钟扬拥有 300 余项学术成果，早有资格坐在办公室，指挥手下一批人干活。可钟扬就是“不通世故”，非要撑着多病的身子去高原采集种子，

“既无经济效益，又无名无利”。他办公室的座椅扶手磨秃了皮，家里一直是 20 世纪的老旧陈设，而这些年他自掏腰包给予西藏大学师生的扶持金加起来至少有几十万元。对事业的全心投入，对生活的淡泊朴素，已经成为他工作和生活中的常态。

野外科考的艰、难、困、苦，超乎人们想象。各种高原反应：头晕、恶心、无力、腹泻……科考时，经常七八天吃不到一口热饭，钟扬和学生们饿了就啃一口死面饼子，渴了就从河里舀水喝，晚上住的是牦牛皮搭的帐篷；因为严重缺氧，煤油灯很难点亮；冬天，盖三床被子也无法抵御寒冷，早上洗脸要先用锤子砸开水桶里的冰；路上，常常被突袭的大雨冰雹困在山窝窝里……2011 年 7 月，珠穆朗玛峰一号大本营，海拔 5327 米，钟扬嘴唇乌黑，呼吸困难，逆风向着珠穆朗玛峰北坡挺进，每走一步都极其艰难。终于，在海拔 6200 米的一处裸露的岩石缝里找到了一株仅 4 厘米高、浑身长满白色细绒毛的“鼠曲雪兔子”。这是目前人类发现的海拔最高的种子植物，也是中国植物学家采样的最高点！

钟扬曾患有痛风，身体状况不够好。他说：“有些事情是难，但再难，总要有人去做。只要国家需要、人类需要，再艰苦的科研也要去做。”2015 年，51 岁生日那天，钟扬突发脑溢血，昏迷了两天，苏醒后，他关心的是：“我原本要上的课是否安排妥当？”抢救后的第 3 天，还没有度过危险期，他口述了一封给党组织的信。经过多年在西藏的工作，他倍感建立高端人才队伍的极端重要性，他说：“我有一种紧迫感，希望老天再给我 10 年，把人才梯队真正带起来。”

出院时，医生再三叮嘱：一要按时吃药，二不能再喝酒，三不能再去高原了。他滴酒不沾了，包里也多了个药盒，可第三条，他实在做不到。几个月后，他又登上了去西藏的飞机。妻子和父母也劝他把节奏放慢些，钟扬却回答，“西藏的事情总要有人去做”“没事、没事，我很好，我还要在西藏再干 10 年呢”。

钟扬不仅没有放慢脚步，反而加快了。他总有一种使命感——让复旦大学的研究生工作再上一个台阶，把西藏大学的人才梯队真正带起来。“他是真正爱国的，爱她的每一寸土地，正是这种至诚热爱，让他不畏艰险。”生命最后的日子里，钟扬马不停蹄地奔忙着。9 月 25 日清晨，噩耗传来——钟扬在去内蒙古城川民族干部学院讲课途中遭遇车祸，不幸去世。从东海之滨到雪域高原，人们呼唤钟扬的名字，为他的离世而悲痛惋惜。钟扬曾说，“一名党员，要敢于成为先锋者，也要甘于成为奉献者”。他做到了极致。“雪域荒原清影立，黉楼远梦苍云系。”

钟扬是忠于祖国、奉献人民、不懈追求的杰出科学家，是新时代的先进典型，是知识分子的楷模、党员干部的榜样，他生动地诠释了无私奉献精神的时代内涵。他把最美好的时光献给了生物学，献给了西藏，将自己的人生理想融入国家和民族的事业，把个人的梦想汇入时代的洪流，在共和国发展的交响乐中奏出人生最美好的音符。

一生专注一件事，只做一件事，淡定坚守，从不放弃，追逐梦想，跑步前行，需要持久的毅力与恒心。世间有一些人智商不亚于人，意志不逊于人，条件不差于人，可是很多年过去了，他的业绩依旧不如人，没成大事、业绩平平，究其缘由就是没有树立梦想，没有执着追梦的毅力。孙中山先生说，奋斗这一件事是自有人类以来天天不息的。用执着的姿态勇敢地去追梦，能够奏出人生的华美乐章，使环境因你不同，使事业因你添彩。当梦想成真的时候，可以骄傲地说：我，从未放弃梦想，从未放弃奋斗！

谋略乃成功之基

“谋略”二字有着丰富的内涵。一部漫长的人类发展史，就是一部人类谋略史，无时无处不闪烁着智慧的火花。中华民族是崇尚谋略、讲究智慧的民族，其谋略思想源远流长，传承不辍。“滚滚长江东逝水，浪花淘尽英雄”，但大浪淘不尽的是金子般的智慧和谋略。

谋略伴随着社会实践、思维的发展而发展。古往今来，谋略在政治、经济、军事、外交等领域都起着极为重要的作用。诸葛亮说：“谋，自料知他也。”谋略是在了解双方的情况的基础上，预见到事物发展的趋势和结局。知其变而用兵，则用兵如神；知其变而料事，则料事如神；知其变而用人，则料人如神。历史上有不少谋略大师，一计可安天下，妙策能建奇功。许多谋略家用不同的方法表明自己的谋略见解，导演出一幕幕令人叫绝的奇谋妙计。高明的韬略所起到的作用和带来的影响无法用物质去衡量。老子的“无为而治”“以柔克刚”，孔子的“文治武功”“刚柔并济”，孙子的“不战而屈人之兵”，苏秦的“合纵连横”，范雎的“远交近攻”，毛泽东的“农村包围城市”，都曾在相当一个历史阶段发挥过无穷的力量。

历代帝王中，善于取得权力和巩固政权的，恐怕非赵匡胤莫属。没有多少征战杀伐，他就结束了五代十国的混战局面，一统全国，让老百姓脱离战乱的苦海。他安邦亦有远谋，作为军人出身的赵匡胤很懂得天下由马上得之，却不能以马上守之的道理。无独有偶，朱元璋早年的势力不如陈友亮、张士诚。朱元璋采纳了朱升的建议和刘伯温的妙计，战胜了陈张，赢了民心，得了天下。

在历史长河中，一些英雄豪杰因一时目光短浅、眼界狭隘，致使前功尽弃，饮恨苍天。楚霸王项羽从 24 岁起兵，在中国大地驰骋 6 年多，勇猛善战，叱咤风云。但项羽在政治上不够成熟，缺少战略眼光，只是希望重新回到楚庄王问鼎中原的时代，希望能再次像楚庄王那样得到“列国从长”的地位，并希望长期维持这种状态，这是一种历史的倒退，结果就只能饮恨乌江。

不超前谋划长远的利益，就不能够考虑好当前的问题。只有具备超越常人的战略眼光，才能抢占先机、抓住机遇，规避现实中的风险和危机。李自成武艺精湛，具有较高的指挥才能，领导的明末农民起义，积小胜为大胜，进京前已拥有起义军过百万。然而他目光短浅，驾驭全局的视野过于狭窄，没有深谋远虑和战略眼光，最终战死沙场。这些人之所以失败，最重要原因是缺少韬略上的研究，缺少谋算的本领，在实践中没有把信息、知识、智慧转为谋略，故不足以驰骋人生。

“掌上千秋史，胸中百万兵。眼底六洲风雨，笔下有雷声。”① 毛泽东雄姿英发，文韬武略，胆识过人，是不背枪的统帅。他是枪杆子里面出政权的理论首创者，对笔杆子也情有独钟。长征途中，贺子珍为他特制了一个可以装好笔墨纸砚的挎包。他开玩笑说，我要用文房四宝打败国民党的四大家族。

毛泽东身在军旅，手不释卷，汲取中华谋略的精髓。在中国现代战争史上，毛泽东指挥过的诸多战事，在新的思维制高点上吸纳并综合了李世民“以弱胜强”、朱元璋“次第经略”的思想，形成“集中优势兵力，各个歼灭敌人”的战略方针。人类的智慧和想象力是在继承中逐步提升的。朱元璋的成功经验让毛泽东领略到不同战略阶段分清主次、逐步拓展的极端重要性，其“不要四面出击”“不打无把握之仗”等思想均有深厚的民

① 萧永义著：《毛泽东诗词史话》（甲申新本），东方出版社 2004 年版，第 352 页。

族历史渊源。

毛泽东创造性地提出农村包围城市的革命之路，临危制变，席卷千军，长征领路旌旗烨，窑洞研伸马列魂。唯有工农是主宰，居然小米胜强军。中国的革命一步步走向胜利，中国人民从此站了起来。他不会拿枪，却是军事家；他不当元帅，却缔造了共和国。

学习谋略，能够使人汲取前人的谋略精华，提升一个人的智慧和灵性，在事件的萌芽状态就能够推测出事物未来发展的走势，在纷繁复杂的事物变化过程中找到问题的“命门”，从而一击中的。在新时代，领导干部肩负着重大的领导责任，工作怎么“领”、群众怎么“导”、思路怎么出、目标怎么定、蓝图怎么绘、路子怎么走，是不容忽视的大问题。

深刻把握战略思维

领导，即带领并引导朝一定方向前进。领导力最强调“领”字，最重要的是往哪个方向领，领导者的主要任务是定愿景、定方向、定目标、定路径。习近平同志有大智慧和大谋略，有系统深邃的领导思想、高瞻远瞩的战略思维、极目远眺的眼力，善于从全局上思考问题，高屋建瓴，直指核心，善于精心谋划，作出重大决策，体现了一代领袖超强的领导力。

战略思维，是指一切着眼于全局、放眼于长远分析问题和解决问题的思维方式，是唯物辩证法在全局性谋划中的具体运用，体现的是一种整体性、全局性、系统性、长远性的思维特征，在局部和全局、当前和长远、重点和非重点等各种利益关系中进行比较和选择而进行的主体性思维活动。战略思维能力，就是高瞻远瞩、统揽全局，善于把握事物发展趋势和方向的能力。在新时代，各级领导干部都应高度重视、深刻把握战略思维，将战略思维作为理政的根本性问题。战略上判断得准确，战略上谋划得科学，战略上赢得主动，党和人民事业就大有希望。战略思维的关键是要依据现实情况判断未来可能的发展，超越旧的经验、观念、体制、做法和模式，构想新思路，作出新决策，展现新作为。

预见性是战略思维的一个重要特征，科学预见是战略思维的一个基本要求。战略必须对全局的发展走势进行预测和超前研究，战略必然具有预见性。只有具有超前性的战略思维，才能有超前的战略指导和战略预置。战略思维的超前性，是战略指导能动性的源泉。如果战略思维缺乏超前性，就必然减弱其实践指导价值。

具有战略思维的领导者，就像一个下棋的高手，每一步棋，想的都是后面几步的棋。科学预见，就是妙算于未发、决策于未始、防患于未然。毛泽东曾指出："没有预见就没有领导，没有领导就没有胜利。因此，可以说没有预见就没有一切。"① 毛泽东在党的七大上说："预见就是预先看到前途趋向。如果没有预见，叫不叫领导？我说不叫领导。"②"坐在指挥台上，只看见地平线上已经出现的大量的普遍的东西，那是平平常常的，我说不叫领导。只有当着还没有出现大量的明显的东西的时候，当桅杆顶刚刚露出的时候，就能看出这是要发展成为大量的普遍的东西，并能掌握住它，这才叫领导。"③ 如果等到某一重大战略问题表现得很突出时才去密切关注，而在其酝酿期、潜伏期、初始期都没有充分的准备，是无法掌握主动权的。

领导干部应未雨绸缪，引领方向，在筹划未来时能看得更远。要预见事物发展的总趋势，才能正确确立行动目标。《高层领导枕边书》中写道："身居高位的领导，面对的是大问题，掌控的是大局面，必须有大胸怀、大眼光、大智慧。能见他人所不能见，想他人所不能想，行他人所未行。"领导干部要提高自己的预见能力，必须努力掌握辩证唯物主义和历史唯物主义的基本理论。科学预测未来事物的发展趋势必须学习新知识，熟悉和掌握现代预测理论和方法，看问题要高屋建瓴直指核心，预见事物发展过程的阶段性，具体实践发展的多种可能性，做决策要平衡得失，抓大放小，有步骤分阶段地推进战略举措的落实。

领导者如果没有展望未来的眼光，就没有资格当组织者和指挥者。领导者考虑问题，不能只局限于眼前或今后的 3 年 5 年，还要看到 10 年 20 年后，甚至 30 年 50 年后，认清潮流的方向，预知环境的变化，想好应对

---

①《毛泽东文集》第 3 卷，人民出版社 1996 年版，第 396 页。

② 同上，第 394 页。

③ 同上，第 394—395 页。

措施。王安石诗云："飞来山上千寻塔，闻说鸡鸣见日升。不畏浮云遮望眼，自缘身在最高层。"站得高，才能看得远。因为身在最高层，所以不畏浮云遮目。看得远，才能看得清规律和趋势，才能看得准实质和本色。因此，我们不能局限于一时，而是要看到长远；不能局限于一地，而是要看到全局。

把方向、抓大事、谋全局是领导干部尤其是"一把手"的根本职责。领导干部要不断提升战略思维能力，善于谋大局。陈云同志在谈到领导方法时说："要拿出一定的时间'踱方步'，考虑战略性的问题。"①邓小平同志要求领导干部要"踱方步、想大事"。习近平同志强调："各级党政'一把手'要站在战略的高度，善于从政治上认识和判断形势，观察和处理问题，善于透过纷繁复杂的表面现象，把握事物的本质和发展的内在规律。要努力增强总揽全局的能力，放眼全局谋一域，把握形势谋大事。"②人比山高，日月每从肩上过；心如镜明，风云常在掌中看。我们一定要以站在山顶的高度、环视世界的眼光来研究战略问题，谋全局，谋大势，谋党和国家的长治久安，谋民族和人民的千年福祉。

有些事从局部看可行，从大局看不可行；有些事从局部看不可行，从大局看可行。归根结底要顾全大局。对具体工作来说，不能只局限在一个时期某一方面的工作，而要看到整个中国经济政治文化社会生态的发展，还要看到整个世界发展的趋势和方向，看到天下大势。不谋全局者，不足以谋一域。领导干部在工作中要总揽全局、驾驭全局、把握全局，从大处着眼，高瞻远瞩、运筹帷幄，不拘泥于一城一池、一子一目、一胜一负。

习近平同志在浙江工作期间，从战略思维的高度对领导干部提出了要求，"各级党政'一把手'要站在战略的高度，善于从政治上认识和判断形势，观察和处理问题，善于透过纷繁复杂的表面现象，把握事物的本质

①《陈云文选》第3卷，人民出版社1995年版，第377页。

② 习近平：《之江新语》，浙江人民出版社2007年版，第20页。

和发展的内在规律。要努力增强总揽全局的能力，放眼全局谋一域，把握形势谋大事，以'登东山而小鲁'、'登泰山而小天下'的气度和胸襟，始终把全局作为观察和处理问题的出发点和落脚点，以全局利益为最高价值追求，以世界眼光去认识政治形势，把握经济走势，了解文化态势；用战略思维去观察当今时代，洞悉当代中国，谋划当前浙江，切实把本地、本部门的工作放到国际国内大背景和全党全国全省的工作大局中去思考、去研究、去把握，不断提高领导工作的原则性、系统性、预见性和创造性"。

党的十八大以来，基于对中国未来改革开放和发展稳定大势的全面深入思考和系统谋划，习近平同志提出和推动了许多全新的战略构想和战略举措，以坚毅的战略定力与驾驭全局的智慧，引领大国经济。他强调，领导工作必须"善于观大势、谋大事"，"事物都是不断发展、相互联系的，只有眼界非常宽阔，正确认识和积极顺应中国和世界发展大势，正确认识和妥善处理党和国家面临的大事，才能把握工作主动权，跟上时代前进步伐，推动事业顺利发展"①。要集中精力研究重大问题，坚持抓方向、议大事、管全局，善于统筹协调各方面力量，深入研究事关经济社会全面发展、长远发展和关系群众切身利益的重大问题，努力从战略上把握发展走向，从战略上破解发展难题。

着眼宏观，志在高远，局部服从全局，以全局带动局部，才可能在重重迷雾中认清方向，在众说纷纭中坚定立场，在大政方针中把握精髓，在领导工作中开拓创新。为全局甚至不惜牺牲和舍弃局部，虽然局部蒙受了损失，但从全局着眼，局部的舍弃正是为了换来全局的胜利。毛泽东曾深刻地阐述："没有好的全战役计划，绝不能有真正好的第一仗。这就是说，即使初战打了一个胜仗。若这个仗不但不于全战役有利，反而有害时，则这个仗虽胜也只算败了。"②

①《习近平总书记系列讲话精神学习读本》，中共中央党校出版社 2013 年版，第 183 页。

②《毛泽东选集》第 1 卷，人民出版社 1991 年版，第 221 页。

以全局利益作标准作决策，不能仅考虑自己的“一亩三分地”。1936年5月13—15日，红一方面军在陕北延川县大相寺召开军队团以上干部会议，主题是“顾全大局，反对本位主义！”会上，毛泽东严厉指出了红一军团个别领导存在的本位主义思想，“红军是共产党的军队，不是你林彪个人的队伍！”[①]本位主义是一种顾小我舍大局、顾小益损大利的处世态度和心理，毛泽东将其称为“一种放大了的小团体主义”。本位主义具有销蚀和离心作用，对党和国家的事业极易造成损害。

大局观不仅是一种思维、一种战略观，还是一个人修养的体现。在实际工作中，我们有的党员干部并不缺乏大局观，懂得不谋全局者不能谋一域，却仍会做出不顾大局的事情；有些干部心胸不宽，不顾大局，以邻为壑，只谋一地、一己之利；有些干部出发点不对，不顾党、国家和人民整体利益，只顾眼前，不顾长远，把部门的发展甚至是个人的政绩当成大局；有些干部地方保护主义和部门本位主义思想严重，画地为牢，各取所需；有些干部惧怕改革动了自己的“奶酪”，不主动、不配合。

为什么会这样呢？究其原因是他们的修养、品格不足：有的过于追逐名利，明知不可为而为之，为了个人私利不顾大局，做出急功近利之举；有的心胸狭窄斤斤计较，处理人际矛盾时不能自我克制，容易冲动做出不理智的事情。由此观之，若缺乏足够的政治素养，就容易各自为政，不顾大局。领导干部着眼全局，就是要求把观察和处理问题的出发点和落脚点放在全局上，把局部问题放在整体之中予以思考。

习近平同志注重以全局的视野、长远的眼光看问题，从整体上把握事物的发展趋向，处理好全局与局部的关系；注重以联系的、发展的观点看问题，综合考虑各方面因素，把握问题的关联性、协调性。他强调，改革开放是决定当代中国命运的关键一招，也是决定实现“两个一百年”奋斗目标、实现中华民族伟大复兴的关键一招；改革开放是当代中国最鲜明的

① 祝彦：《党一贯坚决防止和反对本位主义》，载《学习时报》2018年6月4日。

特色，是我们党最鲜明的旗帜；全面深化改革是关系党和国家事业发展全局的重大战略部署，不是某个领域某个方面的单项改革，必须加强顶层设计、整体谋划，增强各项改革的系统性、整体性和协同性。处理改革上要超前思维、提前谋局，要上下联动、综合施策。改革是深水攻坚，要啃硬骨头，要勇于攻坚克难。

领导干部要有全局意识，关心全局，顾全大局。“不谋万世者，不足谋一时；不谋全局者，不足谋一域”。不从长远考虑问题，就不能够筹划好一时的事；不从全局谋划事情，便没有谋取一个地区的才智。“谋万世”，就要眼光长远，高瞻远瞩；“谋全局”，就要站位高远、统揽全局。习近平同志指出：“战略思维能力，就是高瞻远瞩、统揽全局，善于把握事物发展总体趋势和方向的能力。”①

有的领导干部思想狭隘，认识有局限，对于与自身相关的局部事物看得重一些，思考问题、谋划工作考虑本系统本部门利益较多，缺乏服从大局的整体意识；有的搞“上有政策，下有对策”；甚至，有的为了个人利益、局部利益，不惜牺牲整体利益。领导干部要坚决摒弃单纯追求个人政绩思想做法，特别是放弃原则、不听招呼、不顾全局的思想做法，要抛弃“肥水不流外人田”的利益迷思，推倒“我的地盘我做主”的权力心墙。领导干部要有大局观念，把握好整体和局部的利益关系，不因小失大，不能为了小集团的利益和自己的政绩损害全局的社会的利益。作为领导者，要培养自己的全局观念，做一个顾全大局的人。

习近平同志强调：“必须牢固树立高度自觉的大局意识，自觉从大局看问题，把工作放到大局中去思考、定位、摆布，做到正确认识大局、自觉服从大局、坚决维护大局。”② 面对错综复杂的各种矛盾问题，党员干部需要着眼全局来谋划，在全局中看清自己的位置，自觉把讲大局作为一种

① 中共中央宣传部编：《习近平总书记系列重要讲话读本》，学习出版社、人民出版社 2014 年版，第 177 页。

② 张世良著：《怎样炼成好党员》，人民出版社 2017 年版，第 22 页。

思想观念来强化、作为一种政治要求来把握、作为一种素质能力来历练，善于把本地区、本单位、本部门的工作放在大局中去思考、去谋划、去落实，履行好自己的职责。

应用大局来统一思想、协调行动、处理矛盾。做领导工作光有认真、务实的品格是不够的，还必须增强大局意识。做到着眼大局，首先必须胸怀广阔。从大局看问题，放眼世界，放眼未来，也放眼当前，处理好全局与局部的关系。须以党和国家的工作全局为重，从党和国家根本利益的大局出发，从改革和发展的大局出发，处理好局部与全局、眼前与长远的关系，局部利益服从全局利益，眼前利益服从长远利益，自觉地在顾全大局的前提下做好本职工作。如果只管解决眼前的、局部的问题，而根本不管是否会妨害长远的、全局的利益，这种简单粗暴的工作方法只会给党和人民的事业带来重大损失。

以全局的意识带动班子，不可囿于局部和一时，不可一叶障目不见泰山。对班子成员之间存在的不利于团结的苗头要尽快消除。以民主的作风团结班子，以人格的力量影响班子，大事讲原则，小事讲风格，公道正派，淡泊名利，宽以待人，推功揽过。为了顾全大局，有时还要委曲求全，方能使整体的利益最大化。

全局高于局部，全局起着主要的、决定性的作用，它决定事物发展的方向和趋势，协调各部分向着统一的方向发展。领导干部只有胸中有全局，着眼于全局，善于站在全局的高度观察分析问题，才能在千头万绪的工作和错综复杂的矛盾中有效推动工作。全局利益是最高利益，全局搞好了，从根本上和长远上说有利于局部。今天看来是可以做的，但从长远来看是不行的，这样的事不能做；今天看来是可做可不做的，但从长远来看是有益的，这样的事情要坚决做好。凡是利于全局的事情就一定要千方百计办好，凡是损害全局的事情就坚决不办，坚决摒弃那些不听招呼、不顾全局的行为。

增强大局意识，顾全大局必须严格遵守党的纪律和国家的法律法规。

要全局在胸，把全局作为考虑和解决问题的出发点和落脚点，坚决克服地方保护主义、本位主义和极端个人主义等错误倾向，确保党的理论和路线方针政策的贯彻落实，确保党和国家工作部署的贯彻落实。工作中，要克服私事先于公事、部门事先于整体事的现象，决不能仅从本团体利益出发，不顾大局，不顾整体，借口单位和部门的特殊性而有令不行、有禁不止。

要通过不断学习，培养自己的全局意识和战略眼光。战略思维作为一种注重从全局和长远分析处理问题的思维方式，有其自身特点和规律。领导干部要学习马克思主义理论的基本观点和基本方法，马克思主义唯物辩证的思想观点，是提升战略思维的理论前提；要学习历史知识，读史使人明智，以史为鉴可以知兴替，历史可以为我们提供丰富的经验借鉴；要做好工作，提升战略思维能力，广泛学习政治、经济、法律、管理、党史等各方面知识，大力提倡“学习工作化、工作学习化”。

领导干部的工作环境极其复杂，工作千头万绪，各种联系相互交错，要求领导者必须牢固树立全局意识，关注大局、大事、大势，处理好各个方面之间、各个阶段之间的关系，把自己、本部门、本单位的工作同上级要求、大政方针统一起来，把握好整体的利益和局部的利益关系，分清主要矛盾和次要矛盾，个人服从整体、局部服从全局、眼前服从长远。只有这样，我们的事业才会“长风破浪会有时，直挂云帆济沧海”。

开启智慧的金钥匙

古今中外，许多成就无不与科学思维紧密相连。恩格斯曾称赞人类思维是“地球上最美丽的花朵”。一次深入细致的思维，胜过十次草率行动。没有动脑、不会正确思维，人的身体就如同一具空壳，创造力也会衰竭。世间的困难总是难不倒善于思维的人们。善于思维的人之所以不畏惧困难，是因为他们知道自己能用思维和智慧去解决。

思维的正确与否乃事情成败的关键。高尔基说过：“要培养一个人成才，很重要的一个因素在于思维，在于科学的思维。”苏霍姆林斯基有言：“克服智力平庸的最正确途径就是思维。只有通过思维才能唤起思维。”事物本是复杂多样的，因而应从多种角度去观察、去探索，获得全面正确的认识，才有可能寻找到好的解决方法，从迷茫中走出，少走弯路。如果把思维局限于一个点、一条线、一个面上，不会换个角度、换种思维方式，往往会把事情搞糟、搞砸。

思维的灵活性表现为及时“拐弯”，随机应变，进行新的构思。在事物发展过程中审时度势，根据变化了的情况对问题作出及时而恰当的处理，而不是把自己囚在困惑之中，把别人的经验当成金科玉律。思维不灵活会导致“山重水复疑无路”，转转弯，就会“柳暗花明又一村”。

日内瓦会议期间，一个美国记者主动和周恩来握手，刚握完手，这个记者忽然大声说：“我怎么跟中国的好战者握手呢？真不该！”拿出手帕不停地擦手，然后把手帕塞进裤兜。周恩来略略皱了一下眉头，也拿出手帕，随意地把自己的手擦了擦，然后扔进痰盂，说：“这个手帕再也洗不干净了！”

当人们陷入某种思维时，就像进入“八阵图”一样走不出来，此时，不妨换换思维的方式，变单向思维为多向思维，多视角、多侧面、多层次地思考，往往会产生新的思路，进入新的境界。1972年，尼克松访问苏联。飞机准备起飞时，一个引擎却突然失灵，送行的勃列日涅夫十分着急、恼火，指着一旁站立的民航局局长问尼克松：“我应该怎么处分他？”这一招既可缓解自己的尴尬，又给尼克松出了一道不大不小的难题，如果尼克松答得不巧妙，苏联也可借此挽回一点颜面。“提升他”，尼克松解释说，“因为在地面上发生故障总比在空中发生故障要好。”不仅巧妙地缓和了气氛，也使勃列日涅夫有了台阶可下。

思维的广阔性，表现在思路宽广，善于联想，能举一反三触类旁通。运用日常积累不同领域、不同侧面的知识、经验，通过科学推测、合理想象，沿着各种不同的方向，或从不同角度进行有效的思维，不限于每个问题只有一个正确答案。

在实现中华民族伟大复兴的征途中，最重要的是培养创新思维。世上唯一不变的是变化，“苟日新，日日新，又日新”。创新是人类特有的认知能力和实践能力，是人类主观能动性的高级表现。凡是有创新思维并取得成就者，血管里总是奔流着不甘示弱的血液，都是有胆有识、敢于做“第一个吃螃蟹”的人。鲁迅曾说：“第一次吃螃蟹的人是很可佩服的，不是勇士谁敢去吃它呢？”中华民族的伟大复兴没有现成路可走，必须逢山开路、遇水架桥，奋力蹚出自己的道路。新中国成立之初，我们党领导人民在经济文化相对落后的条件下选择走社会主义道路，就是一种开创性探索。走别人没有走过的路，离不开创新精神。

唯有能开创新天地的人，才是超古迈今的人。提出问题对于创新思维的培养尤其重要。只有在提出了一个好的问题之后，才会去想办法解决问题。爱因斯坦在晚年总结自己的经验时说：“提出一个问题往往比解决一个问题更重要。解决一个问题也许仅是一个数学或实验上的技能而已，而提出新的问题、新的可能性，从新的角度去看旧的问题，却需要创造性的想象力，并标志着科学的真正进步。”

在鞍钢，有一位阅历丰富的干部，早年下过乡、扛过枪、炼过钢，20世纪 90 年代当过鞍钢无缝钢管厂团委书记、党委副书记和实业开发公司总经理，现任鞍钢民企集团公司董事长、总经理。他，就是孙志国。

鞍钢民企集团下属民政企业公司在 1998 年时，生产经营严重亏损，技术装备落后，产品滞销，效益下滑，职工工资难以正常发放，人心浮动，随时有倾覆的危险。孙志国临危受命，提出“改革创新出彩，封闭守旧出局”，将转型升级确定为工作主题。提出创建学习型企业，开放经营，将市场做大、产品做强、机制做活、管理做实、形象做好；提出转观念、转作风、转管理职能，以提高工作效率。为了推动企业持续发展，孙志国带领班子成员开展“学海尔、找差距、抢市场、上水平”大讨论活动，统一思想，推进企业由保守型向创新型转变，由依赖型向依托型转变，由粗放型向效率型转变，由封闭型向开放型转变，由计划型向民营型转变，由守旧型向学习型转变。短短 3 年时间，企业累计开发新产品高达 65 项，企业开始走出低谷，在市场上的竞争力大幅提升，产品订单纷至沓来，513 名下岗职工实现了重新就业。

推进技术创新，提升企业核心竞争力。十几年来，鞍钢民企集团每年开发的新产品、新项目有 10 多个。截至目前，已开发新产品新项目 200多个品种，形成了 11 大类、110 多个系列的产品集群，双金属复合管、金属软管、耐高压橡胶软管、冶金炉料、耐火材料等产品销往全国各地，金属软管等产品打入国际市场。民企集团建成了劳动防护用品生产基地、耐火材料旧品修复加工基地、机械产品制造修复加工基地等十大基地，为集团的跨越式发展打下良好基础。

作为管理学博士，孙志国在深入调查研究的基础上，以创新的理念和视角，撰写了专著《国有大型福利企业集团转型升级之路》，此专著面世后，被誉为企业发展的“成功密码”和“金钥匙”。孙志国荣获“鞍钢劳动模范”“辽宁省劳动模范”“全国优秀福利企业家”等殊荣。2019 年 5 月，孙志国同志荣获“全国助残先进个人”称号，受到习近平、李克强等党和国家领导人的接见。

在工作中，培养提出问题和研究问题的习惯，不仅是克服思维简单的一种方法，也是提高自己创新能力的重要途径。正如马克思所说：“准确地发现和提出问题，就等于问题解决了一半。”培根曾言：“如果你从肯定开始，必将以问题告终；如果你从问题开始，必将以肯定结束。”

创新是成功的火种，它能点燃理想的明灯，激发智慧的火花，创造人间的奇迹。创新的本质是前进，是对事物积极的探索。世界在创新中变得绚丽多彩，社会在创新中涌现勃勃生机。创新已经成为新世纪的主旋律。一个没有创新意识、创新能力的民族，难以屹立于世界先进民族之林。如果不站在时代前列和实践前沿，不再开拓创新和与时俱进，就会被时代淘汰。

要有创新意识，必须发挥主观能动性，实现对经验和传统的超越。因循则易守旧，像阿 Q 打工那样，“割麦便割麦，舂米便舂米，撑船便撑船”，恐怕无法同美好的梦想结缘。情况在不断变化，过去的经验、知识和预案都是有限的，不能用“刻舟求剑”的方法简单套用，也不能用过去现成的做法和惯用的例证推导将来，战略筹划贵在创新。如果机械照搬，只会导致决策失误，甚至失败。

中国梦的实现需要不驰于空想、不骛于虚声，要以更加强大的创新劲头去开创新生活、创造人间新奇迹。要敢于闯和试，敢于“冒尖”，敢为天下先，勇于做“第一个吃螃蟹”的人。应掌握好创新思维，应用到工作实践中，并培养一批思维活跃、敢于突破常规思维的创新人才。战略思维的创新性，是对战略思维主体永恒的要求，想前人所未想，言前人所未言，行前人所未行，敢于提出问题、解决问题。

我们要突破前人，后人也必然突破我们。创新是战略思维的本质属性，是战略思维的灵魂。没有创新，就没有伟大梦想的成功。我们要久久为功、绵绵用力，推进理论创新、制度创新、科技创新、文化创新等各方面创新，让创新贯穿党和国家的一切工作，成为民族坚强奋斗的亮丽底色。

用好调查研究这个传家宝

调查研究不仅是工作方法问题，而且是制定方针政策的基础，是实事求是的必然要求，是争创第一流工作的前提，关系党和人民事业的得失成败。调查研究是科学决策的根本途径。科学决策需要掌握多方面的情况，需要分析研究事物发展规律，积极借鉴外地的成功经验，而这些都离不开调查研究。

毛泽东读史学家李延寿的《南史·韦睿传》时，在批注中写下了这样一句话："我党干部应学韦睿作风。"他对韦睿的批语甚多，评价亦高，不仅称赞韦睿杰出的军事才能，也高度赞扬其勤政、廉洁的品格，称韦睿巡行战地是"躬自调查研究"，指挥作战时"将在前线"①。

毛泽东是从事调查研究的典范，可以说，坚持调查研究，把马克思主义基本原理同中国实际结合起来，是毛泽东领导艺术的精华所在，也是他留给后人宝贵的精神财富。"没有调查，没有发言权"的科学论断，是毛泽东在《反对本本主义》一文中提出的，影响深远。调查研究的方法，是马克思主义认识论的最基本方法。实践证明，任何单位、任何行业的领导干部想要搞好工作，都必须熟练掌握和应用这个方法。

毛泽东提倡调查研究应深入第一线，真正"沉"下去，深入基层、深

① 公元 505 年，韦睿奉命率部攻打北魏时，韦睿亲临城下巡视，环绕围栅察看敌情。毛泽东在"容巡行围栅"处加了旁圈，并批道"躬自调查研究"。意犹未尽，又在"躬自"两字旁加了圈，以加重亲自做调查研究的重要意义。

入群众，选择一个调查点“解剖麻雀”，以取得经验指导全局。他在《我们党的一些历史经验》中指出：“调查有两种方法，一种是走马看花，一种是下马看花。走马看花，不深入，……这是很不够的，还必须用第二种方法，就是下马看花，过细看花，分析一朵‘花’，解剖一个‘麻雀’。”①

遵义会议期间，有一位同志对毛泽东的军事战略很不了解，硬说毛泽东的军事战略是从《孙子兵法》上学来的，现在用不上了。毛泽东反问“你读过《孙子兵法》没有？你知道《孙子兵法》一共有几章？”问得那位同志面红耳赤无言对答。因为那位同志根本没有读过《孙子兵法》，没有认真的调查当然不可能有正确的发言。

红军到达陕北之后，一位干部从外地来到陕北洛川，第二天就要下令取消一切苛捐杂税。毛泽东问他：一切苛捐杂税你都取消了，究竟有哪几种苛捐，哪几种杂税？问得这个同志答不上话来。不了解情况，当然也没有发言权。领导干部要明白调查研究的重要性，懂得做工作不能装腔作势，不能闭门造车，必须从当时当地的实际情况出发，从了解实际情况着手，懂得一切结论产生于调查研究的末尾，而不是在它的开始。

毛泽东是我们党内从事调查研究的集大成者，他撰写的《中国社会各阶级的分析》《湖南农民运动考察报告》《寻乌调查》《兴国调查》《井冈山的斗争》《论十大关系》等重要文献，都是在深入调查研究的基础上完成的。

在调查方法上，毛泽东有许多创造，如典型调查、“解剖麻雀”、开调查会等，把这些方法与访谈法、观察法、调查表格等加以综合运用，是他调查方法的独到之处。历史表明，毛泽东思想的形成和发展，是同以毛泽东为首的中国共产党人紧密联系中国实际、坚持不懈地调查研究中国社会的优良传统密切相关的。

无论从事哪项工作都离不开调查研究。“知屋漏者在宇下，知政失者

---

①《毛泽东文集》第 7 卷，人民出版社 1999 年版，第 134 页。

在草野。”深入调查研究是我们改进工作作风、密切联系群众的桥梁和纽带，是“党的一项基本工作方法和领导制度”，是“谋事之基，成事之道”。历史的经验证明，思路对、办法多、效果佳，无不得益于深入基层调查研究；决策失误、走弯路、受损失，都与没搞好调查研究密切相关。可见，没有调查研究就没有资格去做决策，不会调查研究就不会当领导。遇事拍脑门，想咋干就咋干，是对党和人民的事业极不负责。

周恩来坚持理论联系实际，一切从实际出发，高度重视对实际情况的调查研究。他认为，进行调查研究是共产党的一个好作风。要使决策做到实事求是，成为解决问题的正确决定，就必须注重调查研究。他强调:“如何做到实事求是？首先要通过认真的调查研究。”①“要从客观存在出发，不能从主观想象出发。”②党员要在周密调查研究的基础上决策、办事，不能“大概”“可能”“想当然”。周恩来在新中国经济建设工作中，在不同的情况下，都能做到实事求是，其中一个重要的原因就是，他非常重视并经常进行调查研究。

周恩来常通过召开会议的方式来集中听取各方的意见，从中了解问题，进行调查研究。在重大问题的决策时，特别是出现争论时，周恩来经常召集各种会议，反复讨论研究，从中进行比较和鉴别，把最好的意见和方案集中起来。他认为在会上多听取各种意见，可以集思广益，对问题获得比较全面的了解。在召开座谈会或讨论会时，他总是让大家畅所欲言，充分发表意见，积极参加讨论，仔细研究如何解决问题。这种不满足于看书面材料，利用会上会下一切机会，对来自现场、来自基层的人进行调查，非常具体，非常深入。

在调查中，周恩来坚持既听喜也听忧，而且还特别注意“求真”，防止“别人把我们封锁起来”。在尊重地方同志意见的同时，周恩来常常采

①《周恩来选集》下卷，人民出版社 1984 年版，第 350 页。

②同上，第 313 页。

用“突然袭击”的办法，到那些事先没有得到通知安排的地方去调查，从中发现问题。他说：“你要想摸到真实情况，就不要老围着别人挑好的地方转，要多到那些事先没有得到通知的地方走一走，在那里你才会看到、听到最为真实的情况。”[①] 周恩来进行调查研究的方式方法灵活多样，讲究科学而且卓有成效，为后人树立了典范。

近些年，许多领导干部坚持深入基层，深入一线，开展系统的调查研究，了解真实情况，掌握工作主动权，努力做到决策成果的最优化。有志于获得真知的领导者，一定要彻底摒弃形式主义、官僚主义，把调查研究作为一项必不可少的基本功，把调查研究作为头一件工作、第一位的大事，将其作为领导活动的起点，并贯穿于领导活动的全过程。值得注意的是，仍有一些领导干部在工作作风上存在形式主义，忙碌于文山会海，奔波于高楼大厦，只注意工作的形式，忽视工作的实际效果，就会议传达会议，就讲话学习讲话，就文件落实文件，调查研究少，实际检查少，工作落实少。党员干部搞好调查研究，必须克服“工作忙顾不上”、想咋干就咋干、“遇事拍脑门、担责拍胸脯、出事拍大腿”的不良作风，把调查研究这门软科学作为第一位工作始终不渝地坚持下去。

2012 年 12 月，中共中央召开政治局会议审议通过关于改进工作作风、密切联系群众的八项规定，第一项规定就是“要改进调查研究，到基层调研要深入了解真实情况，总结经验、研究问题、解决困难、指导工作，向群众学习、向实践学习”[②]。领导干部要在下基层时少些提前通知，多些“随机调研”。想到哪个地方，想接触哪些群众，一竿子插到底，不要让下级提前安排。即使是看材料、听汇报，有时还应来个“现场点播”，当面与群众交谈。习近平同志提出领导干部在调研中应有“自选动作”，要“看一些没有准备的地方，搞一些不打招呼、不作安排的随机性

① 李春发：《跟周恩来学调查研究》，载中国共产党新闻网 2018 年 2 月 12 日。

②《十八大以来廉政新规定》（2018 年最新版），人民出版社 2018 年版，第 1 页。

调研……避免出现‘被调研’现象，防止调查研究走过场”[①]。

领导干部要克服工作的盲目性和随意性，勤于调研、乐于调研、善于调研，坚持做到不调研不决策、先调研后决策，研究新情况，解决新问题，善于总结基层和群众在实践中创造的新鲜经验，并加以提倡和推广，以增强工作的原则性、系统性、预见性和创造性。在基层调查研究，要防止走马观花，蜻蜓点水，走走过场，浅尝辄止；防止受“规定路线”“标准答案”“示范样板”的影响，使调研成为“论证会”“报喜会”“盆景展”。调研不是指导，调查研究应当侧重于了解情况，向群众学习，找到解决问题的办法。如果放不下“身份感”，情况没摸清、问题没把准就大谈指导意见，岂不是本末倒置？这样提出的指导就会脱离实际、失当，甚至还会出现“瞎指挥”“乱指导”。没有深入系统的调研，就没有科学的决策。到基层、一线作调研，要悄悄地下、悄悄地看、悄悄地听，细致地观察，潜心地研究，有针对性地追问，才能听到最真实的声音，获得最真实的情况，发现真正的问题，有的放矢地加以解决。

习近平同志指出：“调查研究的过程，是领导干部提高认识能力、判断能力和工作能力的过程。经常走出领导机关，深入实际、深入基层、深入群众，进行各种形式和类型的调查研究，非常有益于促进领导干部正确认识客观世界、改造主观世界、转变工作作风、增进同人民群众的感情，有益于深切了解群众的需求、愿望和创造精神、实践经验。”[②]领导干部要从管理层特别是决策层抓起，从自身做起，到基层去，到火热的一线去，到艰苦的地方去，深入困难较多、矛盾尖锐的地方，接通“地气”，开展系统的调查研究，发挥好感官作用，拿出有分量的决策方案和依据。各级领导干部深入基层、深入群众调查研究，为群众排忧解难，是新时代密切党群干群关系、完成好光荣使命最现实最有效的途径。

---

①《习近平总书记系列讲话精神学习读本》，中共中央党校出版社 2012 年版，第 138 页。

②《习近平：谈谈调查研究》，载《学习时报》2011 年 11 月 21 日。

调查研究必须围绕大局，把握中心，要围绕大事、要事调研，不要纠缠于小事。要善于解剖麻雀，发现典型，总结典型，以点带面，用典型指导来推动工作；既要置身事中，增强感性认识，在具体工作中发现问题，总结经验和教训，又要置身事外，站到一个高点重新审视，从宏观上把握；要改进领导方式和领导方法，少一些行政命令，多一些示范引导，把党和国家的思想和意图化为群众的意愿，变为群众的自觉行动。

我们在调研中需要把定性分析和定量分析结合起来，避免单打一，从而达到对事物的全面认识，为正确决策提供依据。定性分析侧重于考察事物的历史渊源和发展过程，注重于分析事物的内部联系和质的规定，长于对事物进行全面的概括，有利于从总体上认识和把握事物。定量分析是对客观情况从“量”上加以分析，提供精确度较高的数据。

多听听老百姓的声音，心中才有数，做事才有据；多听听群众的声音，路才走得稳，行才更贴心。下基层调研，要有“闻过则喜”的心态，放下架子、俯下身子，洗耳恭听、深入反思，多听听群众的批评意见，善于从群众的“杂音”中汲取营养，少走或不走弯路。“观于明镜，则疵瑕不滞于躯；听于直言，则过行不累乎身”，用明亮的镜子照自己，污垢斑渍就不会留在身上；倾听坦率正直的批评，错误的行为就不会使你遭受罪责。在倾听群众或同事谈话时，注意力要集中，主动及时予以回应。在适当的时候，插问一两句，表示在倾听他的言论，如“你说得有道理”“是这样的”“为什么呢”“以后怎样了呢”。

今天，改革发展面临许多新情况、新问题、新困难和新挑战，离不开调查研究这个重要传家宝。我们一定要大兴调查研究之风，继承和发扬党的光荣传统，以甘当小学生的精神，虚心向群众学习，熟悉第一线的情况，掌握第一手的资料，问政于民、问需于民、问计于民；及时掌握群众的所思、所想、所忧、所盼，了解群众和基层干部的思想动态，帮助他们解决实际困难；采纳百姓的合理建议，把群众期盼的问题解决好，把百姓合理的建议落实好，把基层鲜活的经验推广好。

靠实事求是吃饭

实事求是作为党的思想路线，是中国共产党人认识世界和改造世界的根本要求，是我党的基本思想方法、工作方法和领导方法。实事，就是客观的、变化的实际情况；求是，就是找出事物本身固有的规律。实事求是，是树立正确世界观的基础，是党员干部从事各项工作的一种科学精神和优良作风，是为人处世的根本原则和政治品格。无论是对己、对人，还是对事，都要努力做到不唯书、不唯上、只唯实。

以毛泽东、朱德等为代表的中国共产党人从当时中国革命的实际形势出发，从井冈山的实际出发，坚持实事求是思想路线，成功开辟了井冈山革命根据地。在探索革命道路的过程中，毛泽东总结了革命斗争的实践经验，并不断加以理论升华。

1930 年 5 月，为了反对“本本主义”“教条主义”的错误倾向，毛泽东发表了《反对本本主义》一文，初步论述了实事求是的理论原则。该文针对一些人“以为上了书的就是对的”，讨论问题“开口闭口‘拿本本来’”的错误心理和实际表现，指出“马克思主义的‘本本’是要学习的，但是必须同我国的实际情况相结合。

实事求是精神是实现伟大中国梦的精神支柱和胜利之本。在新时代，我们面临的挑战仍然复杂，和平发展面临的环境仍然复杂，这要求我们必须实事求是，清醒地认识国情，从中国的实际出发，清醒地认识中国发展的现实阶段。在奔跑追梦新路上，我们既要努力拼搏，也要沉着冷静、居安思危；既要明白梦想的现实性，也要搞清楚现实的复杂性，踏踏实实地奋斗。

忽视和丢弃实事求是，我们的事业就会发生失误，受到挫折。陈云同志经历了中国革命、建设和改革各个时期：25 岁时成为中央候补委员，29 岁时成为中央政治局委员、常委，直到 1987 年党的十三大之后因身体和年龄的原因退出中央委员会。毛泽东曾夸陈云“人才难得”。邓小平曾称陈云是“改革开放的副总设计师”。

陈云认为，“不唯上”，并不是可以不听领导的话，更不是不执行上级的决定，而是要吃透上级指示的精神实质，从实际出发，与本地区、本部门的实际结合起来，创造性地开展工作、抓好落实，反对照抄照转、生搬硬套。对不符合本地区本部门实际情况的，就要如实地向上反映。对某个领导人讲话或者某一文件本身出现错误之处，要敢于和善于提出意见，不能盲目照办。一切要从当时当地群众的根本利益出发，把对上级负责和对群众负责统一起来。

“不唯书”，不是说书本、文件不要读，更不是离开马克思主义基本原理，而是不能把书本、文件当作教条，去搞教条主义，而是学习书本知识要以领会精神实质为主，注重按照客观规律办事，发扬理论联系实际的学风，真正做到知与行的统一。

“只唯实”，就是从实际出发，察实情、讲真话、办实事，具体情况具体分析，反对简单化、片面性和绝对化，实事求是地研究处理问题，使主观与客观相统一，认识与实践相符合。陈云说：“从实际出发的关键是，从片面的实际出发，还是从全面的实际出发？”① 一定要把实际看完全，把有关的各种情况弄清楚，这才真正算是从实际出发。他说：“我们犯错误，就是因为不根据客观事实办事。但犯错误的人并不都是没有一点事实根据

①《陈云文选》第 3 卷，人民出版社 1995 年版，第 46 页。

的，而是把片面当成了全面。”[①] 他认为，重要的是把实际看完全，把情况弄清楚，其次是决定政策，解决问题。难点在弄清情况，不在决定政策，只要弄清了情况，不难做政策。

实现中华民族伟大复兴，是中华民族近代以来最伟大的梦想，在我们面前展现出美好的前景。学习《反对本本主义》的精髓，对于探索中国梦的有效实现路径，具有重要的现实意义。《反对本本主义》阐述的重要思想原则，初步展现了毛泽东思想活的灵魂即实事求是、群众路线和独立自主的思想雏形。在实现梦想的征程中，就有可能会遇到巨大的阻力与压力，改革需要蹚过深水区，经济发展也需要踏过地雷阵。这会让旧的行为模式不再管用，这就需要我们解放思想、实事求是，突破制约中国梦实现的藩篱，为中国梦的实现扫清障碍。十九大党章指出：“坚持解放思想，实事求是，与时俱进，开拓创新，认真调查研究，能够把党的方针、政策同本地区、本部门的实际相结合，卓有成效地开展工作，讲实话，办实事，求实效。”党员干部必须把实事求是牢记在心，坚持实事求是，终生实践，做出表率。

华西村老书记吴仁宝有句妙语：“我工作这么多年，人家问我成功的秘诀是啥？我说，实事求是。千难万难，实事求是最难，遇到任何困难，只要实事求是对待，就能大难变小难，小难变不难。华西是靠实事求是，从实际出发，始终走自己的特色之路……邓小平的理论‘发展是硬道理’。但是我呢，因为单讲‘硬道理’老百姓听不懂，我就加了两点，叫‘有条件不发展是没道理，没有条件创造条件发展才是真道理’。”

现在有些领导缺少调查研究，对实际情况不够了解，只得讲一些官话、套话；有些领导怕得罪人，影响自己的利益，于是讲些官话、套话，这样不痛不痒，四平八稳。改变这种不良的作风，就要学习陈云同志实事求是的思想作风、敢讲真话的高尚品格、多深入基层调查研究。在个人工

①《陈云文选》第3卷，人民出版社1995年版，第189页。

作得心应手、游刃有余之际，注意保持清醒头脑，防止“想当然”，避免犯主观主义、经验主义错误。在遇到难事和思想困惑时，深入基层调查研究，找准问题症结。

要坚持实事求是，就必须坚持群众路线。只有真正做到从群众中来，到群众中去，才能保证决策正确，提高领导水平。广泛接触群众，同群众打成一片，广开言路，兼听群众意见，集中群众智慧，才能防止偏听偏信、主观臆断。群众中提出不同意见和反对意见，常常是独立思考的产物，是正直、忠诚、负责、勇气的表现，因而不要反感，应注意听取。心中没有群众，不把群众放在眼里，对群众批评、建议不屑一顾，判定和执行决策就容易主观武断、唯上唯书。

要有无私的品格和无畏的勇气。牢记权力是党和人民给的，保持清醒的头脑，有问题敢指出，遇事能正确分析和处理，有坚持真理的胆识和勇气，对是非昭然的问题敢于说“是”或“不”，不徇私情，不兴伪事，不务虚名，成为真正的“实事求是派”。

追梦路上用贤能

“用人唯亲”与“用人唯贤”这两种不同的准则，古已有之。商汤王起用伊尹于有莘之野，周文王识拔姜尚于渭水之滨，刘玄德三顾诸葛亮于草庐之中，都是用人唯贤的经典范例。以德为先，选贤任能，是我们党的组织路线的原则，是新时代党员干部追梦圆梦的重要保证，是提升领导力的核心，也是各级领导干部的从政之德和重要职责。

察人知人，历来不易。好人和坏人都没有在额头上贴标签，这就要靠我们去识别。不识人不可能善任，不知人只会盲用。然而，识人之事，自古称难。大千世界鱼龙混杂，有时候真假难辨，因此，观察了解一个人比观察一个景物复杂得多。唐太宗有言：“人才难得更难知。”白居易曾说：“行路难，不在水，不在山，只在人情反复间。”陆九渊认为：“事之至难，莫如知人；事之至大，亦莫如知人。”智商高不等于会识人，也有迷惘、迷惑的时候，也有大材小用、庸才重用的时候。领导干部在选人用人时要着重考察政治素质，而政治素质是人的内在品质，是思想深处的东西，必须下力气才能准确识别和评价。领导干部应具有识才慧眼，具有科学的人才观。识才不能光看表面，更要看实质，意即看其在德、识、勤、绩、能等各方面的实际表现。

陈云当过多年的中央组织部部长，他认为在识别干部中要克服两种毛病：“第一种毛病是用一只眼睛看人，只看人家一面，不看全面，不能面面都看到；第二种毛病是只看到这个人今天干了什么，没有看到他以前干些什么，只看到他本领的高低，没有看到他本质的好坏。”①

“德”，强调的是思想、品行，包括政治立场、思想品质、道德观念、工作作风、工作态度、自律意识、纪律观念等等。“才”，强调的是才智和能力。德为基础、先导，德靠才来彰显，才靠德来统率。有德无才的干部会贻误事业，有才无德的干部会毁掉事业，德才兼备的干部才能开创事业。以德为先，就是在选拔任用干部时要以“德”为前提，以“德”为先决，失去“德”就失去了提拔重用的基本资格。

从政者必须崇尚、尊重、任用贤能的人。单纯以资历、级别、门第论人和用人，以会阿谀奉承和私人关系识人和用人，必然多用庸才、“巧官”，结果是失去人才，贻误事业。司马光认为用人“贤”字为重。“臣闻用人者，无亲疏、新故之殊，惟贤、不肖之为察。”他认为，若是重用了不贤的亲故，是不公正的；若因为是亲故而不用其贤，也是不公正的。要以德为帅，以才为基础。坚持德才兼备、以德为先，要体现两点论和重点论的统一，既重德重才，但不能重德而轻才，更不能只看才而忽视德。有“德”无“才”，等于有舵无桨，船难以启动；有“才”无“德”，等于有桨无舵，船会迷失方向。所以，必须是德才兼备，二者不能偏废。

党员干部贯彻落实新修订的《党政领导干部选拔任用条例》，要坚持把政治标准放在首位。把那些忠诚于党和人民的事业、坚定理想信念、树牢“四个意识”、坚定“四个自信”、坚决做到“两个维护”、全面贯彻执行党的理论和路线方针政策的干部及时发现出来、合理使用起来，对那些政治上不合格的人特别是“两面人”实行“一票否决”，坚决挡在门外。

领导干部要坚持经常性、近距离、有原则地接触干部，全方位、多角度、立体式考察干部。既听其言、更观其行，既察其表、更析其里，深入考察干部政治忠诚、政治定力、政治担当、政治能力、政治自律等方面的情况。要抓住具体行为特征，透过现象看本质，注意用事实说话，防止抽

① 《陈云文选》第1卷，人民出版社1995年版，第110页。

象的概念组合和道听途说。当前，领导干部尤其要注重在应对风险挑战、处理复杂矛盾、完成急难险重任务中考察识别干部。

用人时，应当“宁有瑕玉，不用无瑕石”。宁可用瑕不掩瑜的人才，也不用无明显缺点的庸才。林肯说：“没有缺点的人，往往优点也很少。”世间没有完美无缺的人，即使是人才也难免有些毛病，只要无伤大雅，何必苛求完美、过分计较呢？用人之道在于求其所长，“短中见长”，并把他放到适合发挥其长处的合适位置，发挥较大的作用。对于有特长的贤才，就要像萧何月下追韩信那样，不惜气力、不惜牺牲个人尊严去“追求”，予之以重要的岗位和优厚的待遇。人的长处是潜在的动力“能源”，当一个人的长处得以发挥时，他就会颇有兴趣，轻车熟路，努力使自己大有作为。

人各有长短，有的人擅长统揽全局，有的人适合独当一面，有的人是综合工作的内行，有的人是专业技术的里手，“工作有专长，术业有专攻”。既然人的才能有大小，各有偏重，用非其才，就会使贤士无从施展。

在新时代追梦的征程中，我们必须坚持五湖四海、任人唯贤，坚持德才兼备、以德为先的用人标准，把各方面优秀人才集聚到党和国家的事业中来。广开进贤之路，广纳天下英才，是实现伟大事业、伟大梦想的根本之举。只有用好的作风选人，才能选出作风好的人。在干部选任上，决不让品德低劣、业绩平庸、惯于钻营取巧、言行不一、跑官要官、买官卖官、情趣低下、视个人利益高于一切的人混进党员干部队伍，选进领导岗位。

信任给人力量

古希腊神话中，塞浦路斯国王皮格马利翁十分喜爱雕塑，用名贵的象牙，呕心沥血地塑造了一个美丽姑娘，付诸了全部的精力、全部的热情和全部的爱恋，最后使雕像姑娘获得了生命。这种由信任、关心、期望、赞美、激励构成的期待心理，引起对方的思想与行为发生积极的变化，被社会心理学家称之为“皮格马利翁效应”或“期待效应”。

皮格马利翁效应给人的启示是：赞美、信任和期待具有一种正能量，它能改变人的行为。当一个人获得信任、赞美时，他就获得了支持，增强了自信，产生了向上的动力，并尽力达到对方的期待。

信任，代表一种积极肯定与评价，是人的精神生活中不可缺少的部分。每个人都有获得别人信任的需要，当这种需要得到满足，就会受到鼓舞，为之振奋，从而使得这种信任成为一种精神动力，推动他去完成某种行为。只有信任对方，对方才会感到你的诚意，摒弃戒备的藩篱，把你视作朋友，乐意和你共事。领导干部与下级交往时，如果对下级投入信任、希望和期待，会使下级充分发挥自身的主动性、积极性和创造性。

如果领导在交办某一项任务时，信任地对下级说“我相信你一定能办好”“你会有办法的”“我想早点听到你们成功的消息”等等，这样，下级就会朝你期望的方向倍加努力，任务也会更好地完成。信任别人和被人信任，是一个领导者高贵品质的表现。

信任是相信自己的素质和能力的一种表现。一个人只有自己行得端、立得直，才能有值得别人信任的地方，才能期望得到别人的信任。正是由于别人信任你，才敢于同你讲真话，向你坦诚倾诉肺腑之言。因此，要正确地看待别人对自己的忠言、直言和相应的行为，千万不要轻易加以猜疑和排斥。

信任是所有关系的基础，是人与人交往的前提，是相信他人具有相应的能力、品格或承诺的托付。党员干部只有信任下级，才会放心地把重要工作交给下级去做。如果下级觉得领导不够信任自己，信任的需要得不到满足，精神上就会受到挫伤，工作动力就会减弱，做事就会敷衍，而且上下级的友好交往也会受损。

信任是一种依赖关系。卢曼说："信任是为了简化人与人之间的合作关系。"彼此信任，不仅是最文明、最令人满意、最美好的人际关系，也是效率最高的人际关系。信任，就不要轻视，更不能猜疑。如果连起码的信任都没有，就丧失了建立人际关系的基础。猜疑是个大毛病，是人生的大敌、工作的大忌。如果猜疑与某些流言、传闻结合，容易导致"听风就是雨"。上下级之间、同级领导之间出现猜疑，除了与本人修养不高有关外，还与"第三者"的"添油加醋"、搬弄是非有关。对此，党员干部应特别注意，不轻信不实之词。"听风就是雨"，不仅会伤害同事感情，不利于团结合作，而且会孤立自己，影响工作。与他人交往若能以诚相待，对方就能以礼相还，猜疑就失去了生存的土壤。

有一次，一个人想要告诉苏格拉底一件事。刚一开口，苏格拉底就反问道："你要告诉我的话是真的吗？"对方回答："那倒不，我是听人说的。"苏格拉底又问："它是不是一件好事？如果我知道了是否能防止贻害他人？"回答是否定的。苏格拉底接着说道："那么好了！让我们把这件事忘掉吧！人生有那么多有价值的事情。我们没工夫去理会这既不真、又不好而且没有必要知道的事情了。"

人际交往的成败往往在于是否互相信任。相信别人是真诚的，自己首先就得是真诚的。你对人以诚相待，才能获取别人的信赖、理解和支持。

用人不疑，疑人不用，就要相信下级。信任下属，下属就会努力工作，做出业绩来。可见信任往往和干劲成正比。下属能把工作做得出色，也是领导高度信任的结果。

信任是人与人之间交往、合作的基础。信任给人以力量，往往会改变人的一生。希腊哲学家狄奥格尼斯说："你不信任别人，别人也不会信任你。"领导干部要相信下级的能力，委以职位，授予权力，让他们创造性地开展工作，而不是束缚他们的手脚。当他们工作中出了毛病、走了弯路时，要帮助他们总结教训，鼓励他们继续开拓进取，创出新的业绩。

在用人者疑人与被用人者被疑这对矛盾中，用人者是矛盾的主要方面。刘向说："谗讶之所以并进者，由上多疑心。"苏轼说："物必先腐也，而后虫生之；人必先疑也，而后谗人之。"张居正说："毋摇之以毁誉。"

那么，领导干部如何把握"疑人不用，用人不疑"的原则呢？首先，要慎于取人。经过充分了解，"知其不忠，则勿任而已矣；任以大柄，又从而猜之，鲜有不召乱者也"。其次，对所用之人要以诚相见，精诚合作。再次，对流言蜚语、妒忌心理保持警惕，不听谗言，不受其影响和左右，"百人誉之不加密，百人毁之不加疏"，对所用之人坚信不疑。同时，对捣乱的小人要惩之。

有些难得的人才个性鲜明，敢于冒尖，刚正不阿，缺点也很明显：或清高、自负，或不近情理、钻牛角尖，有时不大好使用，不大好管理。有棱有角的人才，尽管个性强，毛病多，但本质主流是好的，比圆滑处事、怕捅娄子、明哲保身者好许多倍。如果用好了，会有事半功倍的奇效。

只有充分信任下属的素质，才能维护现有的局面，开创新的局面。欧阳修说："用人之术，任之必专，信之必笃，然后能尽其材，而可共成事。"如果不把重要工作分给下属做，或分给下属做时心中又存有疑虑，不让他们放开手脚去做，就是对他们的不信任。这样下属怎么能大胆地、创造性地工作呢？若工作变成领导者的"独角戏"，事必躬亲，那就离失败不远了。

领导干部应在全面了解下属的基础上，给予充分信任和支持，赋予其足够的职责和权力，让他们大胆地发挥才干。如果下属出了问题，不宜一味责怪下级。一个人不办事情就不会出错，要办事情就可能出错。要提倡和鼓励进取、探索、创新、创造、突破，提供宽容的环境，宽容失误。

用人必须专一，信任必须坚定。“夫不疑其妇，妇必贞；君不疑其臣，臣必忠。”说明要想使下属忠诚，就不能随便怀疑他们。如果把人才的缺点和不足当成疑点，进而不放心、不放手、不放权，会导致无人可用。

用人不疑，必须以疑人不用为前提。不宜把一项重任交给未通过“信任度”考验的下属；将任务交给可信之人，就要充分信任，不疑神疑鬼。委以要事或重任，尽量放宽下属的自由度，不宜统得过死，要用其所长，不必求全责备。对于敢闯、敢试、敢为天下先而一时不被群众理解的人，要敢于力排众议，果断任用。对于需要进一步考察的人，要边用边看，不能一律“挂起来”。

要多听听群众的意见，该说“不”时，就坚决地说“不”，进行批评教育排除谗言的干扰，决不让进谗者得意、得逞。贤能为官才能造福人民。如果自私自利、贪婪无度、拉帮结伙、没有责任感的人混入重要岗位，就是党和人民的灾难。对那些因坚持原则、抵制腐败、勇于担当、善于创新而触动某些人的利益、被“倒打一耙”、遭到诬陷报复的同志，应给予鼓励和支持，旗帜鲜明地予以保护，给他们撑腰，使这样的干部能挺直腰杆、一心一意多做工作。

追梦路上敢担当

何为“担当”？其基本意思是勇于接受，并承担其责任。凡做大事、创大业者，都是忧患意识、使命意识和责任意识强烈的人，是敢为天下先、勇于担当的人，是敢于坚持真理、敢担风险、敢作敢为的人。善于担当，忠诚履职，是检验共产党人先进性和纯洁性的重要方面。在新时代追梦的征途中展现新担当、实现新作为，既要政治过硬、行动有力，又要本领高强、能力出众。习近平同志强调，领导干部不仅要有担当的宽肩膀，还得有成事的真本领。

权力的行使与责任的担当紧密相连，没有无责任的权力，也没有无权力的责任。担当是领导干部职责所系、使命所然。美国总统林肯说：“每一个人都应该有这样的信心：人所能负的责任，我必能负；人所不能负的责任，我亦能负。如此，才能磨炼自己，求得更高的知识而进入更高的境界。”

南仁东，中国科学院国家天文台 500 米口径球面射电望远镜（FAST）工程原首席科学家兼总工程师，“中国天眼”的主要发起者和奠基人。南仁东生于 1945 年，是新中国培养的博士、科学家。曾参加探月工程早期科学数据下行和 VLBI 精密测轨方案论证，首次确认了密云 50 米天线接收下传数据的可行性。

他矢志追求，潜心天文研究，坚持自主创新，主导提出和主动担起贵州球面射电望远镜项目，在关键技术无先例可循、关键材料急需攻关、核心技术遭遇封锁的情况下，南仁东带领老中青三代科技工作者克服了不可想象的困难，主持攻克了一系列技术难题，为 FAST 重大科学工程建设发挥了关键作用，完成了由跟踪模仿到集成创新的跨越，实现了中国拥有世界一流水平望远镜的梦想。他经过 22 年的奋斗，终于建成“中国天眼”，一举达到该领域世界最先进行列，圆我中华探空之梦。南仁东为科学事业奋斗到生命的最后一刻，为我国天文科学事业的发展作出了重要贡献，推动了经济发展和社会进步，用无私奉献的精神谱写了精彩的科学人生。2017 年 9 月 15 日，南仁东因病逝世，享年 72 岁。

南仁东有力诠释了什么是知识分子的责任与担当。他的爱国情怀、科学精神和担当精神堪称时代楷模，激励着广大科技工作者继往开来，不懈奋斗。2017 年 11 月 17 日，中宣部向社会公开发布南仁东的先进事迹，追授他“时代楷模”荣誉称号。南仁东是新时代的第一个“时代楷模”。2018 年 9 月 25 日，经国际天文学联合会小天体命名委员会批准，中科院国家天文台于 1998 年 9 月 25 日发现的国际永久编号为“79694”的小行星被命名为“南仁东星”。2018 年 12 月，党中央、国务院授予南仁东“改革先锋”殊荣。

各级领导干部是“关键的少数”，在其位就要谋其政，勇于担当，奋勇向前，履职尽责。勇于担当，就是要弘扬以天下为己任的精神，“常怀忧党之心，恪尽兴党之责”，以“避事”为耻，勇挑重担，敢于负责，做好自己的工作，在岗一日，尽责一天。勇于担当是一种必不可少的品格和气度。敢于担当，就要把维护党和人民的根本利益放在首位；对该干的事，顶着压力也要完成；职责范围内的事，再苦再难也要干好。在规范管理中敢于唱黑脸，不怕在民主评议中失分，不怕在干部推荐中丢票。敢于担当，就要不唯书、不唯上、只唯实，敢于提出不同意见和建议。要打破陈规，敢于拍板，忠诚履责，一抓到底，决不能“割麦便割麦”。习近平同志指出：“作为领导干部，党和人民把我们放在领导岗位上，责任重大，使命光荣，务必要在其位、谋其政、尽其责，真正做到为官一任，造福一方。”敢于担当作为，是政治品格，也是从政本分。

有多大担当才能干多大事业，尽多大责任才会有多大成就。以习近平同志为核心的党中央团结带领全国人民有效应对重大挑战、抵御重大风险、克服重大阻力、解决重大矛盾，进行具有许多新的历史特点的伟大斗争，靠的是敢担当、善担当、能奋斗的党员干部队伍。让我们在敢于担当中推进工作，在敢于担当中推进党和人民的事业。

黄大年是著名地球物理学家，生前担任吉林大学地球探测科学与技术学院教授、博士生导师。他于1992年远赴西方进修学习。“一定要出去，一定要回来”，这个信念影响着黄大年的一生。“出国不是为了拿一个学位和享受国外优越的物质条件，而是学习人家的先进技术和理念，将来要为国家服务，为中华之崛起作贡献。”2009年，黄大年毅然放弃国外优越条件，带着经验、技术、想法和追求回到祖国，把祖国富强、民族振兴、人民幸福作为崇高的追求，实现人生非凡的价值，这是信念的驱使、个人追求的升华，为黄大年后来工作奠定了思想基础。

黄大年回到祖国，成为国家“千人计划”专家。他刻苦钻研、勇于创新，取得一系列重大科技成果，为深地资源探测和国防安全建设作出了突出贡献。7年间，黄大年带领400多名科学家创造了多项“中国第一”，为我国“巡天探地潜海”填补多项技术空白。以他所负责的第九项目——深部探测关键仪器装备研制与实验的结题为标志，中国“深部探测技术与实验研究”项目5年的成绩超过了过去50年的总和，深部探测能力已达到国际一流水平，部分处于国际领先地位。

有人说，黄大年与“两弹一星”元勋郭永怀有着惊人的相似。1968年12月，郭永怀在青海基地发现一个重要数据，急于赶回北京研究，便搭乘了夜班飞机。谁料，飞机在北京机场降落时坠毁，当人们从机身残骸中找到他时，吃惊地发现他同警卫员牟方东紧紧抱在一起。烧焦的两具尸体中间，紧紧夹着装有绝密文件的公文包，完好无损。

黄大年的一个个感人肺腑的故事，往深里看，它是当代共产党人坚守为人民谋幸福、为中华民族谋复兴的初心的典型。黄大年用无悔的选择和一生的实践，生动诠释了什么是不忘初心、什么是忠诚担当、什么是敬业奉献，回答了如何对待党和人民事业、对待个人名利得失的问题，展现了中国共产党人和爱国报国知识分子的品格和风骨。往大里看，则是新中国 70 年沧桑巨变的一个缩影。可以说，黄大年的故事，无疑是最为鲜活、最为生动的中国故事。

一个人不管是做人还是做事，关键在于有责任心。责任心是领导干部工作的思想保障，是对从事工作的内在尊重和热爱之情。责任心往往比能力更重要。责任心不强，在其位不谋其事，在其职不思其责，心里不想干事、不愿干事，整天混日子，根本谈不上干好事、干成事。我们强调领导力、执行力、“没有任何借口”的时候，殊不知，责任心、责任感正是这一切的支柱。

人生不能没有梦想。梦想是奋斗目标，也是对未来的美好憧憬。梦想，是生命里最重要的东西之一。有了梦想，不懈奋斗，生命将会添彩。中国石油新闻中心 2018 年 9 月 30 日报道：初见王鹏飞，满脸胡茬，衣服往身上随意一搭，不像企业的副总经理。他坐不住办公室，不是去北京沟通气源，就是驻扎管道现场，更多的是奔跑在“推销”天然气的路上。6 年来，他用脚丈量土地，带领团队让公司由濒临清算到享誉临汾，一份执着让企业华丽转身。

王鹏飞的老家甘肃会宁是红军会师的地方，有名的贫困县，也是有名的“状元县”，这里走出的人都有一股不服输的韧劲。王鹏飞带着员工昼夜兼程，跑遍了临汾及周边所有市县，一边分析市场，捕捉潜在客户，一边找市长，推销绿色的清洁能源。

回忆起那段日子，王鹏飞带着怀念的语气。“每个月要坐上开往上海和北京的绿皮车去‘要气’，为了省钱，就厚着脸皮挤在朋友家过夜。”有时走路走得脚底磨出了血泡，鞋都穿不上，就索性穿着拖鞋去找市长。见到王鹏飞，市长吓了一跳，但就是这样胡子拉碴、邋里邋遢的怪人，反而让临汾市市长和市委书记牢牢记住了他，开始认真聆听他的声音，叫他“西北汉子”。

在跑市场和找市长的过程中，王鹏飞看到了临汾市政府治理环境污染，转变消费结构的决心，看到了临汾百姓对于清洁能源的期盼，更看到了昆仑能源与临汾命运与共的发展机遇。

在女儿眼中，这个父亲不太“称职”。备战高考的紧张时候父亲不在身边，高考前一晚，从工地赶回家的他竟然还忘了家在几层，只能硬着头皮给妻子打电话。但女儿理解，因为这份工作和临汾的蓝天白云有关。

天道酬勤。2017 年冬季，全国气源紧张形势加剧，临汾市的冬季保供出现前所未有的困境。王鹏飞每晚到现场亲自指挥调度。在专业公司和临汾市政府的支持下，临汾冬季供气量提高 300%，顺利完成保供任务，将企业与城市命运捆绑在一起的临汾公司扭亏为盈。

2017 年，临汾市大力推进清洁取暖工程，王鹏飞和团队在激烈的市场竞争中，取得尧都区海资锅炉供气和“三镇一乡”煤改气任务。仅用 3 个月时间建成了连接热源厂至用户的 30 千米管线，完成了 2.3 万户居民的“煤改气”工作，创造了奇迹。

改革开放已步入攻坚期，尤为需要敢于担当的干部，有风险的事、棘手的事、得罪人的事不因“避嫌疑而不言”。敢于担当的干部在矛盾面前敢抓敢管、不怕碰硬、临危不惧、处变不惊、敢于决策、大胆指导，善于突破主要矛盾和关键环节，开创新局。勇于担当，就是为下属提供施展才干的舞台，对下属严格要求，宏观掌握工作进度，着重考核工作效果。对于躲避矛盾、圆滑处事、推诿塞责、避重就轻、遇事不得罪人的“滑吏”作风，要予以批评，该调整的调整，该降职的降职。

广大党员干部要牢记自己的使命与重任，保持旺盛的斗志与激情，面对困难不推脱，遇到问题不回避，敢于承担责任，应该做的事顶着压力也要干，必须负的责迎着风险也要担，把履职尽责的要求内化于心、外化于行，用自己的辛苦指数换取广大人民群众的幸福指数，驾驶事业之舟楫，荡起意志的双桨，劈波斩浪，勇往直前，抵达成功的彼岸。

为敢于担当、狠抓落实的干部撑腰。在实际工作中，要正确把握失误的性质和影响，坚持实事求是，切实保护干部努力工作、追梦圆梦的积极性。2018 年党中央专门为激励干部担当作为印发《关于进一步激励广大干部新时代新担当新作为的意见》，目的就是保证干部的积极性不受到伤害。要坚持严管与厚爱相结合，对于把工作当事业、敢于担当狠抓落实的好干部，党政组织一定要为其撑腰。对那些因敢于动真碰硬而受到诬告的干部，及时澄清是非、消除影响，切实保护好干部干事创业的积极性，绝不让一个干部因为敢抓敢管、开拓创新得罪了一些人、丢了一些票，就否定他们。

莫让拖拉拖掉梦想

党员干部办事要讲求效率、促落实，有一种“坐不住、等不起、慢不得”的紧迫感和责任感，立即行动、只争朝夕、率先垂范，每日抓落实，以担当带动担当，以落实带动落实，工作有深度，创新有成效，展现出新时代党员干部奔跑追梦的精神风貌。

千招万招，行动延缓、不抓落实就是虚招。有的同志办事特别能拖拉，不分事情的轻重，明日复明日，一件顺手就能办成的小事，往往也会拖上几天。一旦形成拖拉习惯就会对工作、学习产生一系列不良影响：不能按时完成工作任务，对自己越来越缺乏自信和耐心，使人懒散消极，试图通过拖延来逃避困难，经常焦虑和抑郁，变得懦弱，碌碌无为，领导力、工作效率和创新精神会大受影响，延缓追梦进度，甚至使梦想变成空想。可见，干工作拖拉，是一种坏作风。

心理学家将这种做事拖拉的性格和习惯命名为“拖延症”“慢性拖拉症”，认为它是一种“心灵的感冒”，是心理不健康的表现。害怕困难而拖延，困难就会远比实际的困难大得多。事实上，拖延除了让自己焦虑外，对解决事情毫无帮助。没有行动，梦想永远是梦想，追梦就成了空谈。

风气之变在于严，落实之要在于实。习近平同志指出：“推进工作要实打实、硬碰硬，解决问题要雷厉风行、见底见效，面对难题要敢抓敢管、敢于担责。”[①]不拖、不等、不放、不推，扑下身子，奔着困难去，奔着问题去，不求形式轰轰烈烈，只求弄清问题在哪儿，牵住“牛鼻子”，出实招、办实事、求实效，着力避免决策没有落实到位，着力解决现实梗阻。

对基层反映的事情“马上就办”，本是各级机关为基层服务的应有之义，是履行职责的应有之举。然而在一些机关不同程度地存在着“门难进、脸难看、事难办”，或“门好进、脸好看、事不办”，任你急得“团团转”，他却一副悠然自得，“研究研究”“等等看”。互相推诿慢作为，漫不经心缓作为，已然是一些人的惯用套路。把“说了”当作“办了”，结果往往是落而不实、办而不好，群众不满意。此种境况之下，尤应力倡“马上就办”的工作理念，督促工作人员做好本职工作，提高办事效率，克服重“政绩”轻实干的形式主义、功利主义，激发实干担当，提升落实水平，再怎么强调都不为过。

习近平同志调任中共福州市委书记之后，在86师为解决师部迁入福州的现场办公会上首次提出了“部队的事情要特事特办、马上就办、办就办好”的要求。8月11日，他在中共福州市第六次代表大会上明确指出：“我们要办的事很多，要为改革开放提供一个良好的软环境，这就需要提倡一种满负荷的精神，反对拖拉扯皮和人浮于事，提高办事效率，做到今日事今日毕。”[②]从此，“马上就办”成为福州市干部的流行话，成为为群众办实事、讲效率、抓落实的行动指南和良好作风。

“马上就办”是习近平同志一贯倡导的工作作风。1991年2月20日，他在福州市委工作会议上的讲话中两次强调“马上就办”，并将其作为市委提出的工作总要求。“马上就办”就是要实办、快办、办好，绝不是拖

① 《习近平总书记关于反对形式主义官僚主义重要论述摘录》，载中国共产党新闻网2018年5月28日。

② 魏贺、李翔、郑娜、赵鹏：《习近平带着我们“马上就办”》，载《人民日报》2018年9月24日。

拉、空办、虚办、假办，更不是盲办、瞎办、乱办。如何做到“马上就办”？习近平同志提出了“敢、细、巧、实”四字诀，核心是“实”，它是“马上就办”的精髓。要大力提倡‘马上就办’的工作精神，讲求工作实效，提高办事效率，使少讲空话、狠抓落实形成规矩、形成习惯、形成风气，努力实现奋斗目标。

“马上就办”体现的是主动作为、履职尽责的工作理念。坚决杜绝“不作为、慢作为、乱作为”，对群众的合理诉求，不得以任何借口拖延搪塞和变通走样。要加强调查研究，经常深入基层，力所能及地帮助基层组织解决群众关心的热点难点问题，对改进工作作风、根治懒政怠政、规范服务行为、提升窗口形象有着重要作用。习近平同志说：“‘马上就办’，是提倡一种精神，是对工作闻风而动、雷厉风行，有紧迫感、责任感，有工作热情、工作效率。”①

“马上就办”，要怀着真情办，不漠然视之，体现民有所呼、我有所为的为民情怀。“马上就办”的出发点是为“人民”而办、办“人民”的事，密切同人民群众的血肉联系，这是党性的核心和最高准则。践行“马上就办”，要自觉做到察民情、用真功、办实事，努力让人民群众有获得感、幸福感。“马上就办”，归根结底体现的是全心全意为人民服务的宗旨，来自于对群众高度负责的感情。作为机关干部，要时刻牢记宗旨意识，充满激情、怀着热情、饱含真情为基层、为群众办好事、办实事，不断将“心中有民”付诸行动。只有为民办事，才能赢得人民的拥护。

“马上就办”，应担起责任办，不马虎应付，要有敢于担当的品格。为官要破除“懒政”“怠政”思维，践行“马上就办”的工作作风，今日事今日毕，对群众的要求迎难而上、尽心尽力、履职尽责。没有责任感就是失职，就失去了机关干部的本色和责任，就辜负了组织的信任和重托，就

---

①《习近平同志在福州工作期间倡导践行“马上就办”纪实》，载中国共产党新闻网 2015 年 3 月 11 日。

会让群众失望。

“马上就办”体现了办就办成、滴水穿石的实干精神。“马上就办”就是要求干工作、谋发展要讲效率，以锲而不舍、水滴石穿的韧劲，推动各项目标任务得到落实，就是要强化抓落实的意识，提升抓落实的能力。“马上就办”，展现出好事快办、实事办好的工作态度，让问题迎刃而解；展现出锲而不舍、办就办成的实干精神。“马上就办”，办就办好，意味作风和效能的全面提升。作为党员干部，特别是从事行政执法、窗口服务等行业以及在基层一线的党员干部，必须把相关政策、工作程序、工作要求烂熟于心，力争在最短时间内给群众办理好，让群众满意。

“马上就办”体现了雷厉风行、紧抓快办的执政品格。“马上”代表了速度、效率，“就办”代表了执行、落实。无论做什么工作，只要马上去办，就会事半功倍；不去执行或抓而不紧、执行不到位，就会一事无成。在协调推进“四个全面”战略布局的今天，更要积极践行“马上就办”。

“马上就办”是“今日事今日毕”，也是培养一种良好习惯。许多人遇事拖拖拉拉、马虎、凑合、不在乎，在大事上紧张不起来，在关键时刻“掉链子”，心有余而力不足，大多是因为平时处理小事不够精心。在机关工作应当做到，越是不急的事情，越是抓紧时间办，早办完早静心、早见成效，早办完早解脱出来。要严格要求自己努力做到信息不在我手里梗塞，文件不在我手里积压，事情不在我手里拖延，工作不在我手里耽误。承诺“马上就办”不难，做到做好不易，坚持经常更不简单，需要每个党员干部消除“中梗阻”，把群众放在心里，把事业扛在肩上。“马上就办”，关键是要讲效率，力戒拖拉，着力点是“办”，办成和办好。

“马上就办”是马克思主义发展观、实践观、群众观的有机统一，是我们认识新事物、适应新常态、解决新问题的有效方法。“马上就办”重要思想，生动体现了不等不靠不拖拉、雷厉风行、真抓实干的执政理念和永恒的时代价值。要“马上就办”，努力让“马上就办”成为一种自觉，成为一种习惯，不断加快追梦的进度。

把沟通作为看家本领

沟通，是人们在互动过程中进行信息、知识与情报等交流、传递和交换，并寻求反馈以达到相互理解的过程。沟通不是彼此说服，不是无原则地迁就对方，也不是一味地苛求对方必须认同自己。沟通是在坚持原则基础上的理性妥协，是在众多分歧中寻求最大公约数，主动挖掘共同点、共赢点，求同存异，提出双方都能够接受的方案，进而形成共识，达到双赢。

经常与群众进行有效沟通，是保持与群众密切联系的基础和重要纽带。党员干部与群众沟通的关键是要解决对群众的感情问题。党员干部和群众只是分工不同，而无高低贵贱之别。党员干部开诚布公、虚怀若谷，群众自然愿意“掏心窝子”、实话实说。党员干部要把群众视为亲人，不带色彩与群众沟通，不以命令式的强硬口吻说教，也不能一味地讲深奥难懂的大道理，应时刻以人民群众为主体，话语体现民主性，可以达到相互之间的理解，才能真正为群众所接受和信服。

习近平同志认为，领导干部“如何才能提高与群众沟通的本事？说什么话、怎么说话，是首要的问题。如果端着官架子、操着老爷腔，群众避之不及，更何谈与群众融为一体、打成一片？与群众沟通，就是要从改文风、改话风入手，用群众喜闻乐见的语言，甚至熟练运用‘土方言、歇后语'，那样才能穿越沟通的壁障，从语言沟通深入到心灵贴近"[①]。

沟通时，党员干部要坦诚相见，放低姿态，用真感情，说真心话，以情动人。不能用不冷不热、矫揉造作的假感情对待群众，不说那些言不由衷的空话、大话、套话和假话，只有这样，才能在沟通中叩开群众的心扉，达到沟通的目的。1954 年，时任团中央第一书记的胡耀邦在会见南阳二中师生时，兴味盎然地念起了他改过的南阳武侯祠中的那副对联："心在人民，原无论大事小事；利归天下，何必争多得少得。"立即打开了师生的话匣子。把要沟通的问题想清楚，分清主次，列出纲要，想好细节。向对方传达自己的意愿和想法，需用表达准确、容易理解、把问题说清楚的语言。与人交往要虚心、放低姿态，主动去沟通，主动站到对方立场上多考虑，以一种积极、乐观、上进的态度，去面对每一个人，做好每一件事。

曾在黄土地插队 7 年的习近平，深知"放下架子，甘当小学生"的道理。习近平喜欢面对面地与群众交流。县委、县政府的大门是敞开的，许多老农背着粪筐就进来了。习近平经常让县委干部走上街头搞随机问卷调查，有时他还把桌子往大街上一支，坐在那里听取群众意见，正定形成的许多文件和重大决策都跟这些真诚沟通和调研有关。

经常与群众进行有效沟通，往往可以起到事半功倍的效果。带着感情与群众进行交流与沟通，以真心待人，靠诚心感人，用热心暖人，把"话"说得入耳入心。

感情是人际沟通的"金钥匙"。在工作和生活中，感情虽是无形的，看不见摸不着，却往往能解决许多棘手的问题。带着感情与群众进行交流与沟通，比任何华丽的辞藻、美妙的语言、激情的演讲都更为真切、更能深入人心。卡耐基说："将自己的热忱与经验融入谈话中，是打动人的速简方法，也是必然要件。"只有对群众投入感情，把群众当亲人，才能获

---

① 荔红：《人民论坛：多长点与群众沟通的本事》，载《人民日报》2013 年 2 月 5 日。

得群众的支持和认可。如果党员干部在与群众沟通时，有傲气、官气，毫无感情地，只愿听“报喜”、不愿听“报忧”，群众就会产生抵触情绪，领导干部就很难了解到真实的基层情况，很难交到知心的群众朋友，难以达到沟通预期的效果。

与群众沟通，很重要的方式就是平等的对话。这种对话，不是自以为比群众高明，以教训人的口气说话，而是平等的交流，疏而导之。在对话中有不同看法，要心平气和，摆事实、讲道理，以理服人，达到沟通的目的。

人民立场是党的根本政治立场，人民群众是党的力量源泉。党员干部要立志做大事，不要立志做大官，不要把加官晋爵作为人生终极目标，而要将为人民谋幸福作为第一追求，多做好事和实事，决不做坏事，让人民满意。一些群众的思维定式中，总觉得领导干部是遥不可及、难打交道的群体，领导干部要通过“接地气”的走访、“无障碍”的谈话，让群众打心眼里明白领导干部是为他们好的，这一抹隔阂也自会消失于无形，搭建起更有利于沟通的桥梁。如果领导干部在群众面前居高临下、威风八面、盛气凌人、自以为是、以权压人，群众就会敬而远之，甚至唯恐避之不及，与群众沟通也就无从谈起。

必须讲求生动活泼的表达技巧，培养怡人心怀的幽默才能，把握恰到好处的时机，使谈话鲜活、生动。要善于用通俗的语言表达理论问题，用群众身边的事讲道理，运用风趣的语言营造宽松的氛围，激发听众的兴趣和注意力。

领导干部要提高语言表达能力，就必须注意向群众学习，用群众熟悉的喜欢的语言与群众交流。善讲“群众话”，能够在无形中拉近干群的距离，更显贴心和温馨。群众的语言是生动的、鲜活的。“摸着石头过河”“发展是硬道理”等表述，凝练而通俗，老百姓听得懂，而且记得住，容易达到相互沟通的效果。通过向群众学习，能够将文件政策的精神要旨理顺、吃透，用接地气、有韵味的“土话”讲给群众听，也能够把广泛收集的“群众话”“百姓理”上升到理论层面、制度层面，用于服务中心、服务大局。

用群众熟悉的通俗易懂的语言与群众交流，才能使百姓听得懂，愿意听，记得住，并容易取得相互沟通的效果。善于用群众的语言，主动与群众交往，“接地气、带露珠”，增加谈话的和谐度，不宜用生硬的说教、社论的语言去和人民群众沟通，更不要说空话、大话、套话和假话。毛泽东同志曾经提倡要用大众的语言，善于把深刻的道理用浅显通俗的语言说出来。在与群众交往时，应当使用群众语言，选择“商量式”“调剂式”“安慰式”“互酬式”的语言，并注意分寸。

在沟通中倾听群众的不同意见，丰富自己的思维，完善决策的思路。如果听不得不同意见，刚愎自用，一触即跳，动不动就训人，让人望而生畏，即使决策在短时间看没问题，但经不起时间的检验。对某些问题的认识出现了偏差或失误，就要敢于承认、敢于自我批评，并加以改正。虚心听人讲话，体谅他人的行为，认真听取对方意见，善纳群言，闻过则喜，体现了共产党员和领导干部的度量，体现了光明磊落的底气，体现了有效沟通的艺术，提升了党员干部的沟通能力。有些“坏话”其实大部分是老实话。倘若只喜欢听好话、颂扬话，不喜欢听“坏话”，搞“一言堂”，就容易造成决策失误，把事情搞砸弄糟。

此外，网络等现代信息传播手段的发展和运用，给我们的工作带来一些便利，党员干部应养成“网络散步”习惯。每天上网浏览一番，随时随地了解民意、获取信息、开阔眼界、学习知识、思考问题。许多领导干部通过网上论坛、政务微博、在线讨论、微信等途径与群众进行轻松随和的沟通和交流，彼此之间可以讲出心里话、真实想法和做法，受到了群众的普遍欢迎。领导干部一定要学会运用先进的沟通交流工具和沟通方法，以提高与群众进行沟通和交流的能力。

高情商：追梦的能量

情商就是情绪商数，情绪智力，情绪智能，情绪智慧。“高情商”，亦即能控制自我情绪，能自我激励，理解疏导他人情绪。很多成功者并非都是高智商者，而是高情商者。后者具有良好的情绪和极强的影响力，能在控制个人情绪的同时，游刃有余的影响下级、同事、上级及周围的人，最终实现个人梦想，成就自我。

《诗经·思齐》曰：“雍雍在宫，肃肃在庙。不显亦临，无射亦保。”周文王礼贤下士，温和恭谨，敬老慈少，体恤民情，无论是在家里还是在朝中，总是态度和睦，从容不迫，肃敬臣民，视察民事，护民不倦。文王虚心听取臣民的意见，即便臣民们没有直接地进谏，他听到后也会采纳。所以，他为开创周朝奠定了基础。文王逝世以后，武王和姜子牙等人继续励精图治，直到取得了牧野之战的胜利，建立周朝。

在追逐梦想成功的新路上，情绪管理格外重要，如果不懂得及时调适情绪，将垃圾情绪清理掉，又如何能以积极乐观的心态去面对失败的挫折，以坚韧的毅力去克服困难坚持前行？因此，情商比起智商，对于成败有着更重要的影响力，能决定人的命运。

国外权威机构的调查发现，在一个人成功的因素中，智商只占 20%，而情商（包括逆商）则占 80%。因此，在很大程度上，高智商不是取得成功的最关键的因素，真正决定一个人是否成功的关键是情商。美国著名的心理学家韦克斯勒曾考察过 40 余名诺贝尔奖的获得者，发现他们在儿童时代的智商绝大部分是中等或中等偏上，他们的成长和成就主要是凭借后天的非智力因素，即情商。

古往今来，许多人取得成功的障碍并不是客观的环境，而是自己。因此，在前进的道路上，我们除了做好和困难作斗争的准备之外，还要学会清理一下自身的消极因素，把怯懦、恐惧、怀疑、拖拉等因素远远地抛开。只有时刻警惕和克制自身的弱点，时刻要求征服自己，才有可能战胜一切外在的困难。由此观之，情商的高低关系到事业的成败，甚至能决定人生的命运。智商再高，情商不高，不一定能成功，不一定能持续地成功；智商不太高，但情商较高，成功概率大。

衡量人才有两把标尺，智商和情商。选人过程中，智商与情商不可兼得的时候，用人单位更看重情商。在企业界有这样一句名言："智商决定录用，情商决定提升。"用人排列上归纳为四种类型：第一种人有本事又听话，第二种人没本事（或本事不大）但听话，第三种人有本事但不听话（或不很听话），第四种人既没本事又不听话。其中，第一种人为首选，第三种人次之，第二种人再次之，第四种人则在排除之列。

许多事例证明，情商左右人们的决定和行为。领导者必须把握好、调节好自身情绪，不因情绪失控而影响自己的形象，情绪不稳会给组织带来损失。不要被别人的情绪所干扰，急于做决定。应保持清醒的头脑和辩证的思维，有些决定比较缓，虽然看起来时间长一点，但比轻率作出的决定效果要好得多。有些决策快速，可是经不起时间的检验，可能要付出几倍的成本来修正，得不偿失。

我们在工作和生活中经常遇到一些人，为人处世容易急躁，很多时候咄咄逼人、盛气凌人，说出的意见、观点就像"圣旨"，不容他人辩驳，使人觉得这样的人素质不高、情商较低，怎么能让人喜欢呢。急躁、易怒、不安、尖刻等，都说明缺少历练，离高尚的境界还有不小的距离。

一个人在生活中经常会遇到各种不如意或挫折的事，情商低的人容易因此而一蹶不振，甚至做出极端之举。日本一家企业人才招聘中，发生了这样一件事情：有一个平素成绩优异，对未来充满自信的大学毕业生，因为未被录取而自杀了。三天后，招聘结束了。当企业负责人查询电脑整理资料时，竟意外地发现，那个自杀的应聘者其实是成绩最好的，只是由于电脑的失误，才导致他落榜。一个不懂管理自己情绪或管不住自己情绪的人，是不会得到命运的眷顾和垂青的，更不配做高级管理者。一点小的刺激和挫折都抵制不住，面对大的刺激和挫折必深陷其中。自己的不良情绪还得靠自己来调解。面对复杂的工作环境和微妙的人际关系，或许会有无名的烦恼和痛苦。心病还得心药医，自己的不良情绪还得靠自己来控制和解除。学会控制情绪是我们成功和幸福的要诀之一。

易怒是高情商的反面。人因愤怒的情绪而失去理智，特别容易产生一些过于偏激的行为，释放出损伤人际关系的破坏性力量，甚至会引起冲突。处理公事时发怒，就会破坏规则程序；执法时发怒，就会滥用刑罚；对人无故发怒，就会惹人怨恨。唐太宗有言："自古帝王多任情喜怒，喜则滥赏无功，怒则滥杀无罪。是以天下丧乱，莫不由此。"培根说过："愤怒，就像是地雷，碰到任何东西都一同毁灭，如果你不注意培养自己忍耐、心平气和的性情，一旦遇到'导火线'就暴跳如雷，情绪失控，就会把你最好的人缘全都炸毁。"

《为帅之大忌》认为，掌帅印者决不可粗暴心躁。此弱点，常人可，为帅则为大忌。斯大林，伟人也。然有严重缺点，粗暴乃其一。因有此缺点，列宁认为他不适宜担任总书记一职。列宁原话是："斯大林太粗暴，这个缺点在我们中间，在我们共产党人相互交往中是完全可以容忍的，但是在总书记的职位上就成为不可容忍的了。因此，我建议同志们仔细想个办法把斯大林从这个职位上调开，任命另一个人担任这个职位，这个人在其他方面同斯大林一样，只是有一点强过他，这就是较为耐心、较为谦恭、较有礼貌、较能关心同志，而较少任性等等。这一点看来可能是微不足道的小事，但是我想，从防止分裂来看，从我前面所说的斯大林和托洛茨基的相互关系来看，这不是小事，或者说，这是一种可能具有决定意义的小事。”[①] 列宁还批评斯大林爱发脾气、太急躁。

嫉妒，往往在自卑与好强的人身上体现得尤为突出，因为在某一方面感觉自己不如别人，就会产生嫉妒心理，心被负面情绪所笼罩，不能客观地看待现实，不允许别人比自己优秀，看别人不顺眼；自己没有的，挖空心思想得到；自己有的，唯恐别人也有；别人没有的，不愿成人之美。因为一点小事就小题大做，烦躁易怒，破坏了友谊，迁怒了无辜者，得罪了陌生人，致使机会与自己失之交臂，让自己的生命笼罩在消极情绪之中。

“要给别人脸上抹黑不是件好玩的勾当，一不小心，害人者自己会弄得满身污秽，臭不可闻。”躲在背后说别人坏话，压抑攻击比自己强的人，以私利作为人生的唯一指向，是缺德、丑陋、没出息的表现。意大利亚米契斯说：“不要让嫉妒的蛇钻进你的心里，这条蛇会腐蚀你的头脑，毁坏你的灵魂的。”切莫拿自己的错误惩罚自己，也不要拿自己的错误惩罚别人，更不可拿别人的错误惩罚自己。

狭隘是宽容的反义词。心理健康的人胸怀宽阔，做人做事光明磊落。心胸狭窄的人容易产生嫉妒，嫉妒也可以异化成狭隘。心胸变得狭隘时，注意力集中在引发嫉妒的人和事上，别无他念，越关注越是妒火中烧。为了消除嫉妒心理，应寻找一些合理的方式宣泄自己的情绪，及时地释放郁积的心理，给自己换个好心情。把别人背后的攻击当作一面明镜、一座警钟，有则改之，无则加勉。

人生在世，为人为政，最容易陷入一个误区就是“以我为中心”。皆以自我为中心来看待事物，思考问题，对待他人，不会换位思考，由此便会产生种种烦恼和争执。站在别人角度看问题，多考虑别人的意见、主张是克服狭隘、偏执的良方，还可免除一些误会和烦恼。

自卑、嫉妒、一时冲动、情绪暴躁、焦虑、多疑、偏执、忧郁等负面情绪，会摧毁信心，泯灭希望，消沉意志，让人失去前进的动力，失去未

---

①《列宁选集》第 4 卷，人民出版社 2012 年版，第 746 页。

来的成功。人在某一项事业上没有成功，并不是缺少机会，也不是资历浅薄，而是缺乏对自己情绪的控制，受情绪的左右。愤怒时不能调控，大起大落、喜怒无常，使周围的人望而却步，破坏了和谐的人际关系；消沉时放纵萎靡，把一个个机遇丢掉。由着自己的性子，冲动的行为看上去似乎奔放自由，实际上是情绪的奴隶。

容忍别人的无礼和过错，“每临大事有静气”。保持从容镇定，心境平和，面带微笑，举重若轻，能够避免争吵，消除烦恼，大事化小，小事化了，还能感动对方，出现意想不到的好效果。平静和忍让不是与生俱来的，是人生砥砺、修炼的成果，需要不间断的修养和历练。

恪守诚信的品格

真诚是万美之根，生命之神，人生的通行证。真诚是初春的青草，雨后的彩虹，亮丽的风景线。雍正说：“立身以至诚为本，读书以明理为先。”蒙古谚语说：“心诚能感动卧牛石。”人际关系中有个一般规律：“以诚感人者，人亦诚而应。”一个人可以挡住不容易挡住的诱惑，却挡不住感人肺腑的真诚。

诚信是祖先留给我们的宝贵精神财富。诚信永远是一个人走向成功的重要因素，诚信的力量很大。“一诺千金”的佳话铭刻于历史长廊；“一言既出，驷马难追”的箴言，流传于华夏故园。“三杯吐然诺，五岳倒为轻”，可见诚信之重要。诚是信的根基，诚的内涵比信广，信是诚的外貌，要遵守对他人的承诺。“得黄金百斤，不如得季布一诺。”

诚信是一个人立身于世的重要品德，它不仅涉及一个人的品质问题，还涉及他的人生轨迹如何发展。古希腊一位哲人说：“你若失去了财富，你只是失去了一点；你若失去了荣誉，你就失去了很多；你若失去了诚信，那么你就失去了所有。”诚信的重要性绝不亚于一个人的生命。一个讲信用的人才值得信赖，与这样的人共事才能放心。诚则生信，无诚则无信。真正的道德行为出于真诚，有诚方有德、善。诚乃德性形成、增进的内在保证和驱动力。宋代教育家程颢指出：“学者不可以不诚，不诚无以为善，不诚无以为君子。”

在原始人部落，谎报情况要受到最严厉的惩罚。巧伪、奸诈，只能骗一时，怎能骗人永久呢？古罗马历史学家塔西陀曾断言："当一个政府或部门失去公信力时，不论说真话还是假话，做好事还是坏事，都会被认为是说假话、做坏事。"

巧诈不过是要小聪明，只能得逞一时，总有被人识破之日。缺失诚信，为官巧诈、厚黑，欺骗了自己，毁坏了健全的人格，也欺骗了别人，损害了人际关系。《淮南子》曾说："巧诈藏于胸中，则纯白不备，而神德不全矣。"——心中藏着巧诈，心灵就不会纯洁，道德就不会完美。一个人伪装得过分谦虚、热情，往往别有他图，不外是怀有个人野心，或是为了沽名钓誉。黑格尔说："伪善必须揭露出来。"

2017 年 5 月 25 日，经中共中央批准，司法部原党组成员、政治部主任卢恩光因严重违纪被开除党籍和公职。年龄造假、学历造假、入党材料造假、工作经历造假、家庭情况造假，他是一个地地道道的"五假干部"。一年换一岗，六年提六级，从乡到县，上省进京，从副科到正局，他一路以金钱开道，居然官至副部级。卢恩光的问题得以浮出水面，源于中央巡视组发现的一个细节：他 1990 年填写的入党志愿书中出现了有关学习邓小平同志南方谈话精神的内容，而邓小平南方谈话发生在 1992 年。显然，这份"穿越"的入党材料是伪造的。

巡视期间，卢恩光恰好是司法部与中央巡视组进行联络的负责人。接触中，巡视组更感到他的造假问题恐怕不只入党材料一项——他的学历是管理学博士、法学博士后，但他的言谈举止，跟这么高的学历好像不太沾边；相反，觉得他在拉关系、套近乎方面的能力非同一般。随后，中央巡视组发现了更多问题，并将问题线索移交中央纪委。2016 年 12 月 16 日，卢恩光接受组织调查。随着调查的展开，卢恩光 20 多年来以金钱开道、造假买官之路一步步被还原。在卢恩光的升迁路上，20 多名不同层级的领导干部收受贿赂。不少收过他好处的人听说他成了副部级，都觉得荒唐，但他们正是这荒唐结果的酿造者之一。

"两面人"能够生存一时，甚至"显赫"一时，但乾坤朗朗，庙堂巍巍，邪不压正，人间正道是沧桑。任何一个“两面人”都逃脱不了历史的检验与审判，因为以正祛邪是人心所向。立世、相处、做事，只有真诚守信，才能靠得住，让人信得过。《菜根谭》云：“君子与其练达，不若朴鲁；与其曲谨，不若疏狂。”——一个人与其讲究做事的圆滑，不如保持朴实的品格；与其小心谨慎，委曲求全，不如豁达一点才不会丧失纯真的本性。蒲松龄曾说：“人之贵朴讷诚笃。”真诚守信是做人的基本准则，是人生不可或缺的基本素质，也是最基本的官德修养。其他良好的品德，都是在真诚守信基础上衍生的。诚信之“诚”是诚心诚意，忠贞不贰；诚信之“信”是说话算数和信守承诺。

人与人之间的交往，不愿听到口是心非的赞同、居心叵测的奉承，不愿看到伪诈、作秀、失信。巧言令色、轻诺寡信、表里不一、说谎失信，是难以取得他人信任的，甚至会引起人际关系的混乱和纠纷。领导干部真心实意为群众需要着想，处世遵循道义，待人谦恭有礼，真诚守信，就会赢得群众的喜欢和敬意。

真诚守信是做人的原则，是一种正直的品格，历来受人推崇。古今统御在信诚，一诺为重百金轻。领导干部尤应做到高度坦诚，既然向人承诺，就要言必行，行必果，决不食言。诚信是比黄金还要贵重的。人们之所以珍爱诚信，赞美诚信，是因为诚信是做人的道德底线，诚信是博大的情怀，是大爱的呼唤，是快乐的源泉；是因为诚信是岁月的承诺，是天地的恩惠；是因为诚信会使亲情保持长久，使友情变得纯真，使爱情经住考验。

修炼品德，需恪守诚信。真诚守信是做人的原则，是一种正直的品格，是人生核心价值观，是最基本的官德修养。真诚有信的品德，能使一个外表毫无魅力的人增添许多内在吸引力。在讲信用方面，开国总理周恩来堪称楷模。1961 年春，周恩来视察一个村庄，当他要离开时，农民张二廷紧握着总理的手说，请您抽空一定再来。总理微笑着说：“有机会一定再来，如果我不来，也一定派人来看你。”从这一年起，周恩来真的每年都派人看望张二廷，问他有什么困难需要帮助。一年、两年、三年……

诚信待人，是做人的第一要义，是最基础的价值观，是立身处世之本，是做人和秉政最明智的选择。国学大师、资深教授季羡林说过，自己喜欢的人是这样的：质朴，淳厚，诚恳，平易；骨头硬，心肠软；怀真情，讲真话；不阿谀奉承，不背后议论；不人前一面，人后一面；无哗众取宠之意，有实事求是之心；不是丝毫不考虑个人利益，而是多为别人考虑；关键是一个“真”字，是性情中人。当个好官，就应恪守官德，就应对人诚信、坦率、宽容。“君子修身，莫善于诚信。”诚信之“诚”是诚心诚意，忠贞不贰；诚信之“信”是说话算数和信守诺言。发现别人不信服你，产生厌倦感，你应首先反躬自问：我是否对人不够真诚，不讲信用？

诚信是人的心理命脉，真诚换真心。没有诚信，不仅自己欺骗自己，也必然欺骗别人，破坏人际关系，交朋友不会长久；没有诚信，做生意岂能红火，干大事不过是空谈。因此，与其精明老练，熟悉人情世故，不如敦方诚信，淳朴纯真，待人以诚。对待各个层次的人都应真诚平等相待、一视同仁、融洽相处，摈弃吹吹拍拍拉关系、拉拉扯扯搞圈子，决不让真诚的纯真被世俗的风尘所污染。

邢贵彬，1982 年参加工作，1987 年入党，曾任鞍钢北部铸钢厂厂长，曾荣获“全国劳动模范”“全国十大杰出青年岗位能手”“辽宁省优秀共产党员”等荣誉称号。邢贵彬具有较高的思想素质和人格魅力，一直保持着共产党员的本色。

2000 年 10 月，邢贵彬调任连铸作业区任党总支书记兼副作业长。当时，刚刚投入生产半年多的一炼钢连铸事故频繁，邢贵彬查明是中间包漏钢出了问题，向厂领导建议用整体打结内衬的方法代替高铝砖砌筑。使用中间包整体打结技术，意味着与原来供料的 10 多个厂家停止合作。试验初期，这些厂家使出各种诱惑手段，有送钱的、有承诺按砖用量提成，想迫使试验失败。邢贵彬和作业区班子成员顶住压力，加紧试验，使整体打结的中间包内衬使用寿命达到了 800 罐，比预期提高了 300 多罐，仅此一项，每年就可降低成本 1000 多万元。

邢贵彬本人负责签证的耐火材料有 30 余种 70 多个厂家。拉关系、套近乎、想方设法送钱、送购物券的不乏其人。如何让班子成员保持清醒的头脑、经得起诱惑、耐得住寂寞，是邢贵彬想得最多的一件事。刚到连铸时，第一次开车间领导会，他就真诚地对大家讲："与供货厂家接触一定要掌握分寸、注意形象，吃人家的嘴短，拿人家的手短。八小时以外不要与供货厂家单独接触，逢年过节不要接受购物券、纪念品，希望大家把这当作纪律来执行，大家互相监督，我本人将带头执行。"

一次，他发现个别厂家采取加厚手段制作挡渣墙，以达到增加耐火材料重量，赚取更大利润目的，他马上与作业区一起修改了管理制度，杜绝了个别厂家占企业便宜的事情。

世界上最聪明的人是最讲诚信的人。"不诚不达，不信不立"，是亘古不变的哲理。有了诚信的光辉，高尚的人格会光辉四射，美丽的心灵能流光溢彩。诚信的品格就像丰厚的储蓄，会带来源源不断的"利息"。

诚实守信是一种操守和品德，绝不是先天就有的，需要后天培育，其途径外靠法律约束，内靠自律与修养。诚信与自律互为关联，互为因果，相辅相成，共同促进人的道德完善，优秀人格的形成。让我们从自身做起，把哲人的教诲当作生命的航标，把圣贤的忠言当作人生的座右铭，用诚信的无形资产支撑理想信念与承诺，奔向事业成功的彼岸。

惜时学习强本领

梦想从学习开始，事业靠本领成就。本领不是天生的。人之初并没有聪明与愚昧之分，即使有，差别也很小，主要是因后天是否勤奋学习而有本领高低之别。有人说孔子是“生而知之”，孔子却说自己是“学而知之”。“工欲善其事，必先利其器；士欲宣其义，必先读其书。”杜甫说：“富贵必从勤苦得，男人需读五车书。”通过多种途径学习，不断给自己“充电”，能取得成就。《射雕英雄传》中的郭靖比较笨，却靠勤学苦练成为一代大侠。张良若不日夜攻读《太公兵法》，恐怕也不会成为深悉谋略的军事家。诸葛亮若不是躬耕苦读 10 年，满腹经纶，又怎能引刘备三顾茅庐？

南朝江淹早年家境贫寒，起步很晚，苦志立节，学习刻苦，勤奋不辍，“留情于文章”，成为辞赋大家，与鲍照并称，誉满朝野，功成名就。可是，到了后半辈子，他认为平生所求皆已具备，于是汲汲于功名，耿耿于富贵，由嬉而随，自我放纵，由一个莘莘学子变为及时行乐的阔佬，不再刻苦砥砺了，以致诗文褪色，“江郎才尽”，盛名难副了。

思想贫困往往源自理论贫困，而理论贫困往往是不学习的结果。学习是一个人的真正看家本领，是人的第一特点，第一长处，第一智慧，第一本源，其他一切都是学习的结果、学习的恩泽。如果说在完成工作任务方面欠账是一种渎职行为，那么应该用于学习的时间被其他事务占用就是一种“渎学”行为。只要我们善于去抓、去挤，学习的时间还是有的。要下决心减少应酬，自觉远离那些庸俗的东西。这样，就能够腾出一些时间来学习。

有本领、有实力的人，成功的秘诀之一就是执着地学习、深入地思考、不断地积累。面对新时代中的新东西、新情况、新问题，有的干部表现出“本领恐慌”，知之较少。群众掌握的知识越来越多，群众利益诉求不断增加，对党员干部的能力的期望值越来越高。如果党员干部的执政本领和服务水平达不到群众要求，就交不出群众满意的答卷，更不能有一番大的作为。

习近平同志指出，一些同志对读书抱有不正确的观念。有的认为自己现有的知识差不多了，不用读书也能应付工作；有的认为干比学重要，读不读书无所谓；有的认为工作太忙，没有时间顾得上读书；有的认为社会上潜规则太多，需要的是关系而不是知识，书读多了反而适应不了社会，照书上的道理做会吃亏。正是这些“差不多”“无所谓”“顾不上”“会吃亏”的思想观念，影响了一些党员干部的读书学习，对此应予高度重视。[①]不刻苦读书学习的人，知识就一定会老化、思想就一定会僵化、能力就一定会退化，不可能健康成长。

党员干部若想走在追梦的前面，应当而且必须终身学习，多读书、善读书、读好书。重视学习、抓好学习，既是历史使命、政治责任，也是增强本领的要求。新时代开启新征程，党员干部要增强本领的紧迫感，端正学习态度，摒弃功利思想；要牢固树立终身学习的理念，自觉做学习的表率，多给自己“充电”，掌握各方面新知识、新理论，具备真才实学，培养过硬的本领。

读书学习是领导干部成长之梯。任何人都不可能是“生而知之者”，只能是“学而知之者”。通过读书学习来获取信息、增长知识、增加智慧、认识世界、提高能力，这是领导干部胜任领导工作的内在要求和必经之

①《习近平总书记系列讲话精神学习读本》，中共中央党校出版社2013年版，第113页。

路，是适应新形势、新任务、新要求的不二法门。一些党员干部把工作当成挡箭牌，忽视了必要的学习，这种“缺点”不可小视，应当引起高度的重视。

某国家级贫困县县委书记，响应中央和省委、市委的号召，一心扑在扶贫攻坚上，对理论学习抓得不够。他常说，“现在是以经济建设为中心，也就是一切从实际工作出发，理论学习无关紧要”。这种思想是肤浅的，要不得的。不该自我感觉良好，应当采取措施补“短板”。

人们常说“磨刀不误砍柴工”，此言乃经验之谈。工作与学习犹如砍柴与磨刀，是相互联系、相辅相成的。1939 年 5 月 20 日，毛泽东在延安在职干部教育动员大会上指出：“我们队伍里边有一种恐慌，不是经济恐慌，也不是政治恐慌，而是本领恐慌。过去学的本领只有一点点，今天用一些，明天用一些，渐渐告罄了。好像一个铺子，本来东西不多，一卖就完，空空如也，再开下去就不成了，再开就一定要进货。我们干部的‘进货’，就是学习本领，这是我们许多干部所迫切需要的。”①

增强“本领恐慌”意识，科学统筹安排，合理规划学习，采用多种形式学习，确保学习的时间、内容和效果，才能把工作做得更好。只有借助读书学习这个阶梯，我们才能站得高、看得远、想得深、悟得透、做得好。只有加强学习，才能使领导和决策体现时代性、把握规律性、富于创造性，避免陷入少知而迷、不知而盲、无知而乱的困境，才能克服本领不足、本领恐慌、本领落后的问题。因此，共产党员特别是领导干部必须坚持读常识性的“本本”、经典性的“本本”，坚定理想信念，提高自身素质。

学习是天下第一好事，历来不是一件轻松的事情。学习新理论、新知识、新经验，需要下笨功夫，花大气力，遇难而进，持之以恒。习近平同

---

①《毛泽东文集》第 2 卷，人民出版社 1993 年版，第 178 页。

志指出，“要精，要原原本本地学、仔仔细细地读，下一番真功夫”[①]。他要求全党通过学习掌握历史唯物主义原理，来更好地认识规律，更加能动地推进工作，“努力把马克思主义哲学作为自己的看家本领”[②]。

毛泽东读书学习非常勤奋刻苦，如饥似渴，是多少年不变的习惯。办公间隙，会客前后，开会前后，他都不忘学习。他曾说，他年轻的时候学习，到了图书馆里，就像牛进了菜园子似的，“越吃越香”，“图书馆一开门就去，关门催我我才走。吃饭马马虎虎，就整天在图书馆学，年轻时候我学了很多东西”。

毛泽东外出视察工作，人未登车，书箱已先上车。登车后一路手不释卷，就连吃饭、开会、游泳前后，甚至上厕所的片刻时间也在读书。1976年9月9日凌晨零点10分，毛泽东去世，而9月8日，他看书11次，看一会儿书，歇一会儿，然后再看。

毛泽东通读马列著作、二十四史、古典名著数遍，而且本本都作了批注。正是他这种“我决心学习，至死方休”的精神，才从一个普通的农家子弟成长为一位伟大的马克思主义者，才将一个没有进过一天军校的师范生塑造成一位伟大的无产阶级革命家、战略家和理论家，成为激扬文字、指点江山的一代伟人。

各级党员干部一定要把理论学习当作一种终身追求，并作为自觉的、不间断的任务来完成，真正做到深入学习、学有所思、思有所获，这样才能避免政治上的迷茫、思想上的盲目、行为上的放纵，进而走好人生的每一步。2013年，习近平在中央党校进修班暨专题研讨班开学典礼上指出：“学习需要沉下心来，贵在持之以恒，重在学懂弄通，不能心浮气躁、浅尝辄止、不求甚解。领导干部一定要把学习放在很重要的位置上，如饥似渴地学习，哪怕一天挤出半小时，即使读几页书，只要坚持下去，必定会

---

①《习近平总书记系列讲话精神学习读本》，中共中央党校出版社2013年版，第114页。

②《习近平总书记系列重要讲话读本》，学习出版社、人民出版社2014年版，第175页。

积少成多、积沙成塔，积跬步以至千里。”①

学习能力是指获取知识、增长才干的本事，它要求具有宽泛广博的知识，学会学习的方法，树立终身学习的理念。良好的学习能力是走向成功的基础和前提，一个人的学习能力往往决定了其竞争力的高低。要通过实践、对比，找准适合自己的学习方法，长期坚持并形成良好习惯，获得事半功倍的成效。

要培养学习兴趣。兴趣是一种内驱力，是人的活动的内在动机。一个人对某事物感兴趣时，就会表现出肯定的态度，产生特别的注意力，并积极思考、探索和追求。兴趣是一种强大的精神力量，它可以使人集中精力去获得知识。有兴趣，才会有动力。兴趣使学习不再是一种负担，而是一种享受。兴趣可以调动身心的全部精力，以敏锐的观察力、高度集中的注意力、深刻的思维和丰富的想象投入学习。兴趣是最好的老师，只有对外在的事物感兴趣，愿意去了解、去感知，才会有学习的内在动力。这样，学习才会保持新鲜感，越学越嫌不足，越感到知识的匮乏和自身的渺小，就越会有求知欲望，形成一个良性循环的过程。

习近平同志最大的爱好是读书，这可追溯到他的七年知青岁月。陕北梁家河的老乡们记得，他“带一箱子书下乡”，在煤油灯下看“砖头一样厚的书”，“有时吃饭也拿着书”。他说：“我年轻时读了不少文学作品，涉猎了当时能找到的各种书籍，不仅其中许多精彩章节、隽永文字至今记忆犹新，而且从中悟出了不少生活真谛。”②总书记这个习惯，从梁家河的窑洞到清华大学的课堂，从正定到福建、到浙江、到上海，再到中央，一直没有断过。

读书学习要做到与思考结合。“学而不思则罔，思而不学则殆。”只有学思结合，才能相得益彰。只有通过学习与思考，才能了解和掌握一些规

---

①《习近平在中央党校建校 80 周年庆祝大会暨 2013 年春季学期开学典礼上的讲话》，载《人民日报》2013 年 3 月 1 日。

②《习近平在文艺工作座谈会上的讲话》，载《人民日报》2015 年 10 月 15 日。

律性的东西，做到融会贯通、为我所用，学出效果。作为新时代党员干部特别是领导干部，既要勤于钻研，更要敏于思考，做到学习与思考相统一。学起于思，思源于疑。一切学问都始于疑问。伽利略说：“怀疑乃发明之父。”引起思考的最好办法，就是在认真学习过程中，提出疑问，多问几个“是什么”“是多少”“为什么”。法国大作家巴尔扎克说：“打开一切科学之门的钥匙都毫无疑问的是问号，我们大部分的伟大发现应归功于‘如何’？而生活的智慧在于逢事都问个为什么。”高尔基在《克里姆·萨木金一生》中说：要想把情况弄清楚就不要急着去相信；知识的力量就在于怀疑。通过读书学习，对现实问题进行深入思考，领悟、感悟，融会贯通，把看到、学到的东西吸收进来，由此及彼，由表及里，将孤立的东西变为相互联系的、粗浅的东西变为精深的、把零散的东西变为系统的、感性的东西变为理性的，从而形成正确的工作理念，更有效地工作。

读书学习要做到与写作结合。一个不愿在“写”上下功夫的人，是很难学有所成、发挥作用的。作为新时代党员干部，必须结合自身所学所思和工作实际，“定心”写作，记录真实想法、梳理自身问题。学习需下笨功夫，练笔方为硬道理。文章之道，自古称难，首先必须多学习、多积累。

读书学习要做到与使用结合。实践出真知，学以致用是重点。要学会在实践中运用所学，用学习成果指导实践，做到学习与实践相结合。要大力提倡“学习工作化，工作学习化”。把学习与工作看成一个问题的两个侧面、两个视角，并使学习和工作有机结合，踏踏实实地提高自身的素质和能力，增强应对复杂局面的本领，在自强的基础上强化自信。

腹有诗书气自华。只有内心强大，才会有自信。要把学习当作一种生活方式，一种生存需要，作为一种使命、一种境界、一种追求，自觉养成读书学习的良好习惯，真正使读书学习成为工作、生活的重要组成部分，使一切有益的知识和文化入脑入心，沉淀在血液里，融汇在行为中，融入美好的人生和中华民族复兴的伟大事业、伟大梦想之中。

图书在版编目（CIP）数据

做执着的追梦人 / 于立志编著. —杭州 ：浙江人民出版社，2019.9

ISBN 978-7-213-09377-7

Ⅰ. ①做… Ⅱ. ①于… Ⅲ. ①中国共产党-干部教育-学习参考资料 Ⅳ. ①D262.3

中国版本图书馆 CIP 数据核字(2019)第 164546 号

做执着的追梦人

于立志 编著

出版发行：浙江人民出版社(杭州市体育场路 347 号 邮编 310006)

市场部电话：(0571)85061682 85176516

责任编辑：陶辰悦

助理编辑：何 婷

责任校对：朱 妍

责任印务：陈 峰

封面设计：仙境设计

电脑制版：杭州大漠照排印刷有限公司

印 刷：杭州富春印务有限公司

开 本：710 毫米×1000 毫米 1/16

印 张：12.5

字 数：168 千字

版 次：2019 年 9 月第 1 版

印 次：2019 年 9 月第 1 次印刷

书 号：ISBN 978-7-213-09377-7

定 价：49.00 元
